대박 식당의 기술

식당 좀 살려본 남자의 아주 절묘한 한 방!

대박 식당의 기술

채상욱(외식 비즈니스 마스터) 지음

Project S

the secret of success

for book

Project S

The secret of success

여러분은
외식업이
어떤 일이라고
생각하나요?

이렇게 물으면 대부분 '요리를 파는 사업'이라고 대답할 것입니다. 하지만 외식업의 정체성은 결국 인간의 마음을 움직이는 '관계 비즈니스'입니다. 요리와 고객, 서비스, 분위기라는 요소들이 어우러져 정서적인 띠가 만들어지는 공간. 식사와 함께 얻는 즐거움, 감동을 경험한 고객들이 그 기억을 안고 다시 찾게 하는 감성 사업이 이 시대의 외식 비즈니스라고 할 수 있을 것입니다.

우리나라 외식업의 현실은 군이 설명을 안 해도 좋을 만큼 어렵습니다. 무너지는 경기, 과도한 경쟁, 치솟는 물가, 수요 대비 과잉 공급 등으로 안팎으로 눈물겨운 싸움을 하고 있습니다. 오픈한 지 얼마 안 됐거나, 오랜 시간 장사를 했음에도 문을 닫는 현실들… 특히 역사가 있는 식당들의 폐업은 지금의 이상 과열을 여과 없이 보여주고 있습니다.

하여튼
음식 장사,
참
힘드시지요?

    수많은 외식 자영업자들이 예상치 못한 벽과 마주합니다. 임대료, 인건비 같은 고정비와 식자재 비용도 만만치 않습니다. 이외의 변수들도 한두 가지가 아닙니다. 메뉴, 서비스, 인테리어, 디자인, 홍보, 마케팅, 종업원 교육과 관리. 외식을 바라보는 소비 가치의 변화와 이에 대응하는 안목과 대처…. 하! 정말이지 나열하기조차 어려울 지경입니다.

    이 땅의 이런 현실 속에서 음식 장사를 한다는 것, 여기에다 성공까지 꿈꾸는 것은? 과장하자면 낙타가 바늘구멍으로 들어가는 정도의 기적과도 같을지 모르겠습니다.

    외식업의 성공은 이런 모든 요건들이 매장 시스템과 딱 맞아떨어져야 하는데, 이때 비로소 고객들이 스스로 발걸음을 하는 조건이 되는 까닭입니다.

이 책과 함께
대박 식당의
꿈을
이뤄 볼까요?

창업에 관한 책들은 그동안 무수히 쏟아져 나왔습니다. 자, 그렇다면 창업과 기존의 업장을 살리는 일 중에 무엇이 더 어려울까요? 둘 다 중요한 문제지만 이미 엎질러진, 지금 진행 중인 이 가게를 다시 소생시키는 것이 더 많은 고민을 필요로 할 것입니다.

그래서 이 책은 결이 다릅니다. 준비가 아닌 현재 진행, 즉 '실전'에 대한 내용이기 때문입니다. 준비 기간이 어쨌든 장사가 안 되어 사업이 바닥을 치는 상황은 그야말로 눈 깜짝할 새에 다가옵니다.

바로 지금! 시작해야 합니다. 가게를 다시 일으켜 세우는 일, 이것 말입니다. 왜 장사가 안 되는지, 도대체 무엇이 문제인지, 뭘 어떻게 해야 이 고통의 시간에 마침표를 찍을 수 있는지에 대해 조목조목 짚어보겠습니다. 그래서 당신이 다시 도약하는 모습을 지켜보고야 말겠습니다. 오직 이 마음 하나로 그 오랜 시간, 발로 뛰고 연구하며 기록을 남겼습니다.

Contents

Part one

기억해 내라 : 지금까지 어떻게 해 왔는지를!

Contents

Part four

퍼뜨려라 : 무한대의 네트워크 파워, 온라인 마케팅

Part five

다시 꿈꾸어라 : 오너인 당신에게 조금 더 하고 싶은 말

한번,

믿고 따라와 보시지 않겠습니까?

잘나가는 가게에만 있는

[성공의 비밀]

먼저 제 이야기부터 시작해 볼까 합니다. 제 사회생활의 시작은 기업의 홍보 업무였습니다. 사실 홍보라는 것이 참 광범위하지요. 상품 서비스의 콘셉트, 전략 수립, 마케팅, 디자인, 광고, 사인(Sign), 전시회, 이벤트 등등 그야말로 할 일이 한두 가지가 아니지요. 아무튼 그 일 덕분에 서울 구석구석은 물론이고 지방으로, 해외로 다니며 본의 아니게 외식을 많이 하게 되었습니다. 아! 여기에는 식도락을 좋아하는 제 취향도 한몫 거들었습니다.(10년 넘게 평균 하루 두 끼 이상을 외식으로 해결했으니!).

이런 세월들 속에서 많은 식당들이 피고 지는 것을 봐 왔습니다. 특히 살아가는 낙이라고 할 만큼 행복하게 드나들었던 단골집들이 문을 닫는 모습을 보면서 낙심도 여러 차례. 그 이후, 저도 모르게 식당에 가면 살피고 분석하는 습관이 생겼습니다.

'이 집은 왜 이렇게 콘셉트를 잡았지?'
'이 요리는 도무지 이해가 안 되잖아!'
'왜 이 이런 식으로밖에 홍보를 못할까?'
'해답이 눈에 훤히 보이는데 왜 모르지?'

갖은 생각들을 달고 살다가 마치 자석에 이끌리듯 결국 식당들의 매출 올리기 작업에 뛰어들게 되었습니다. 답답하고 안타까워서 말이지요. 참 오지랖도! 하지만 그 오지랖이 제 직업과 사람들의 삶을 바꿔 놓았으니 고무적인 일이지만 말입니다.

인터넷이 활성화되지 않았던 시절에는 전단지나 현수막 같은 광고물부터 시작했습니다. 의뢰해 온 식당을 분석, 장점을 취합한 후 호기심을 자극하는 카피를 만들고 사진이나 일러스트 같은 시각 디자인과 광고 전략에 몰입했습니다. 간판과 매장 인테리어에도 참 시시콜콜 간섭을 많이 했습니다.

이런 요소들이 식당에 왜 필요한지, 어떻게 해야 하는지, 그 역할과 중요성을 알리며 가게에 맞는 어드바이스를 시작했지요. 그 결과, 저도 믿지 못할 만큼 매출이 올라가는 식당들이 늘어만 갔습니다. 엄청난 기쁨과 보람이 밀려오더군요.

이후 본격적인 인터넷 시대가 열리면서부터 외식업 마케팅을 더욱 활기차게 전개했습니다. 블로그나 카페, 각종 SNS 도구들을 활용하기 시작한 것입니다. 물론 식당의 기본은 검증된 '맛'을 내는 것! 기본적으로 맛이 있어야 하니까요. 이를 기준으로 가게마다 처한 상황에 맞게 여러 홍보 방안들을 접목하였습니다. 이른바 맞춤 컨설팅!

망해 가는 식당의 해법은 식당마다 다릅니다. 그리고 무엇보다 중요한 것은 매출 성장의 원리를 알아야 한다는 것. 이것을 모르면 언제나 제자리걸음만 하게 됩니다. 남들처럼 쿠폰을 뿌리고, 할인 정책을 펼치고, 블로그나 SNS 마케팅을 따라한다고 매출이 오르는 것이 아닙니다.

정말로 중요한 것은 나의 식당을 객관적으로 알아야 합니다. 그런 다음에 취약점을 고치고 전략적으로 보여주어야 합니다. 그러니까 이 책은 바로 그런 목적을 위해 쓰였다는 뜻이기도 합니다.

모두가 한목소리로 '장사가 안 된다'고 합니다. 그렇지만 잘 되는 곳은 여전히 잘 됩니다. 언제까지 불경기 탓만 할 수는 없습니다. 말씀드렸듯 이 책의 최종 목적은 당신의 식당이 더 많은 사람들에게 알려지고 또 줄을 서게 하는, 지금의 힘든 숙제를 풀고 높이 비상하기 위함입니다. 그렇다면 중요한 그 뭔가를 찾고 바꾸어야 하지 않을까요?

맥 없는 교과서적 이론이 아닌 실무로 무장된 노하우와 방법을 알려드리려고 합니다. 외식업의 핵심 포인트들, 성공한 식당들의 보물 같은 노하우, 매출업을 위한 변화의 방법. 그리하여 망해 가는 식당을 기어이 살려내는 비밀 레시피들을 담았습니다.

몽땅 드리겠습니다. 다 가져가십시오. 그리고 이 시크릿 프로젝트의 실천을 통해 반드시 큰 성공을 거두십시오. 분명히 그렇게 될 수 있습니다. 확신합니다.

망해 가는 식당을 살리는 남자, 채상욱 씀

[이 책이 꼭 필요한 이유]부터

알고 가십시다

1
바로 써먹을 수 있는 책, 이것이 핵심입니다

이 책은 이런 내용을 담고 있습니다

이 책은 외식업 오너들을 위한 실용서입니다. 이 중에서도 성공적인 개선을 위한 가장 중요한 원리와 마케팅을 담았으며, 관련 지식이 취약한 중소 자영업자 분들을 위함입니다. 쉽게 말해 장사가 안 되어 고민하고 있는 분들을 주 대상으로 하여 썼습니다. 따라서 독자 분들의 시선과 함께하기 위해 불필요한 이론이나 용어 같은 것은 가급적 쓰지 않으려고 애썼습니다. 이론을 위한 이론이 아닌, 꼭 알아야 할 현실적인 내용 위주로 쉽게 설명하려고 했습니다. 다만 독립 식당 형태의 중소 자영업자 위주로 저술되었으므로 기업에 속하는 프랜차이즈 가맹점에게는 적용이 어려운 부분도 있으니 미리 참고 바랍니다.

이 책은 읽고 나면 즉시 적용할 수 있는 실용 지침서입니다

산전수전을 겪으며 우뚝 선 식당들. 그만큼 내공이 상당하겠지요. 그들은 남들에게 그 어떤 정보도 알려주지 않으려 할 것입니다. 물론 알려주기 싫은 이유도 있겠지만, 어떤 부분은 내 상황과 맞지 않는 부분도 있어 들어봤자 큰 도움이 안 될 수도 있습니다.

하지만 외식업의 성공에는 반드시 공통된 내용이 있습니다. 바로 이 점을 캐치해야 합니다. 이 책은 바로 그런 핵심 내용들을 담고 있습니다. 근본적인 문제 해결부터 시작해 마치 맞춤옷을 입듯, 저마다의 가게가 처한 상황에 맞게 대응하는 방법으로 서술했습니다.

성공 노하우와 경험을 가지지 못한 분들을 위해 그동안 제가 만난 다양한 식당들의 변화에 대한 예시와 팁을 소개했습니다.

단순히 눈에 보이는 구멍을 메우는 게 아니라 튼튼한 식당으로 거듭나게 하는, 여기에 단시간에 바로 써먹을 수 있는 그런 방법론을 설명해 드리겠습니다. 그러므로 이전에는 몰랐던, 앞으로도 알기 힘든 식당 영업의 진수에 대해 알아가는 좋은 지침서가 될 것입니다.

이 책은 대박 가게 주인이 되는 꿈을 실현해 줄 것입니다

"하는 일도 잘 안 되고, 직장에 다니기도 싫은데 나도 그냥 음식 장사나 해볼까?"

"우리 그냥 카페나 할까?"

이런 말을 하는 사람들을 종종 만납니다. 하지만 이것이 얼마나 무모하고 어리석은 생각인지는 경험해 본 분들이라면 너무나 잘 알 것입니다. 준비가 부족한 상태에서 차린 식당이 잘 된다는 말은 들어본 적이 없습니다. 특히나 작은 식당일수록 더욱 철저한 준비와 전략이 필요합니다. 이런 기본 사항에 외식업의 성공 원리가 받쳐 준다면 더 큰 성과를 올릴 수 있는 것이 바로 작은 식당의 장점이기도 합니다.

생각해 보십시오. 갑자기 컴퓨터가 멈췄습니다. 당장 사용해야 하는데 아무것도 모르면 그야말로 애간장이 탈 노릇이지요. 결국 전문가를 불러 수리하는 모습을 보면 생각 외로 쉽게 고치는 걸 본 적이 있을 것입니다.

이 '별것 아닌 해결 방법'을 찾기 위해 전문가는 나름대로 또 얼마나 착실한 공부와 수고의 시간을 거쳤을까요? 외식업도 마찬가지입니다. 방법론을 모르면 영원히 답답한 채로 끌탕만 하게 될 수밖에 없는 것입니다.

비록 지금은 장사가 안 되더라도 상황은 얼마든지 역전시킬 수 있습니다. 얼마든지 대박 식당으로 거듭날 수 있습니다. 어떤 어려움이든 해결책은 있으며 여러분은 이 곤란한 상황을 매듭짓고 반전을 시작할 수 있을 것입니다.

다시 일어나 성공하는 가게. 줄 서서 기다리는 대박 식당.

바로 이 책을 통해 그 비법을 익히고 실행해 나간다면 여러분들의 꿈은 생각보다 빨리 실현될 수 있을 것입니다.

2
내 식당의 문제점, 이것부터 진단하십시다

내 식당이 어떤 문제점을 가지고 있는지 아십니까?

원인에 맞게 대처해야 좋은 결과가 따라옵니다. 현재 매출이 점점 떨어지고 있다면 당장 그 원인을 찾아내야만 합니다. 그래야 지금 겪고 있는 상황이 더 이상 악화되지 않도록 대처할 수 있습니다.

사실 많은 분들이 간과하거나 모르고 지나치는 것이 바로 내 가게에 대한 올바른 상황 판단입니다. 만일 여러분의 가게가 다음의 제시하는 항목에 해당된다면 이미 문제를 안고 있거나, 머지않아 수많은 위험들과 마주할 수 있다는 신호입니다. 이런 문제들을 적극적으로 해결해 나가지 않으면 상황은 급격히 나빠질 수 있다는 것을 의미하기도 합니다.

아래 설문에 진심으로 답해 보시겠습니까?

01. 장사 자체가 불만스럽다.

02. 현재의 매출이 불만스럽다.

03. 매출이 점점 떨어지고 있다.

04. 매출이 떨어진 후 다시 반등하였고, 이런 현상이 반복된다.

05. 장사가 안 돼 심각한 상태다.

06. 경쟁 점포 때문에 매출이 떨어지기 시작했다.

07. 경쟁 점포로 인해 피해가 심각하다.

08. 장사가 안 되는 이유를 도무지 모르겠다.

09. 무언가 변화를 주고 싶은데 방법을 모르겠다.

10. 변화를 주고 싶은 부분은 알지만, 예산이 부족하다.

11. 지금은 어렵지만 이전에는 잘 되었으니 곧 괜찮아질 것이다.

12. 전단지를 뿌려보았지만, 효과가 없다.

13. 각종 이벤트를 시행해야 효과가 나타난다.

14. 쿠폰이나 할인을 통해 효과를 봤다.

15. 쿠폰이나 할인 이벤트를 했지만 효과를 못 봤거나 미미하다.

16. 온라인(SNS 바이럴) 마케팅으로 효과를 봤다.

17. 온라인(SNS 바이럴) 마케팅을 했지만, 효과를 못 봤거나 미약하다.

18. 직원들의 이탈이 잦다.

19. 손님들로부터 맛에 대한 클레임이 들어온다.

20. 식사를 다 하지 않고 남기는 손님들이 꽤 있다.

21. 장사가 안 되는 것은 불경기 때문이라고 생각한다.

22. 과거에는 잘 됐는데 지금 장사가 안 되는 것은 확실히 불경기 때문이다.

23. 옛날과 같은 방법으로 시행한 마케팅으로는 효과를 보지 못했다.

24. 인테리어로 새롭게 변화를 준다면 장사가 잘 될 거라고 생각한다.

25. 입지가 안 좋으니 보다 나은 상권으로 이전을 한다면 괜찮아질 것 같다.

26. 트렌드가 바뀌어 장사가 안 되니 메뉴를 바꾸면 괜찮아질 것 같다.

27. 내 가게의 요리가 맛있는지 아닌지를 솔직히 모르겠다.

28. 내 가게의 요리는 맛있는데 사람들이 몰라주는 것이라 생각한다.

29. 프랜차이즈 가맹점에서 독립 식당으로의 전환을 고려하고 있다.

30. 장사가 안 돼 사업을 개편할 생각을 하고 있다.

31. 분위기 변화를 위한 방법을 모르거나 공간 리모델링의 부담으로 고민 중이다.

32. 현재의 고난을 이겨내고 진짜 맛집으로 이름을 떨치고 싶다.

33. 장사가 잘 된다. 더 큰 식당으로 발전시키고 싶다.

34. 가게를 잘 키워서 부자가 되고 싶다.

당신의 답에 대한 해석을 들려드리겠습니다!

01. 여러 이유가 있겠지만, 무엇보다 장사가 안 되기 때문에 시작되는 생각이다.

02. 매출이 떨어지는 조짐이다. 이것은 겨우 시작일 가능성이 높다.

03. 조심할 것. 더 이상 매출이 떨어지지 않게 해야 한다.

04. 매출이 들쭉날쭉한 것은 외부 사항에 따라 좌우지된다는 것. 위험한 상황이다.

05. 폐업도 생각하는 단계. 이것저것 다 해봤을 것이다. 지금이 마지막 기회가 될 것이므로 최선의 방법으로 손을 써야 한다.

06. 당신의 식당은 경쟁력이 약하다는 의미다.

07. 경쟁력을 상실했다는 의미다. 적절한 대응 방법을 찾지 못했고, 대응할 수 있는 시기도 많이 놓친 상황이다.

08. 꽤 많은 사람들이 고민하는 상황. 이른바 자생력이 상실된 시점이다.

09. 아직은 의지가 있는 상황이며 포인트만 잘 짚어주면 일어설 수 있다.

10. 많은 식당들이 안고 있는 상황. 효율적인 방법을 적용하면 변화할 수 있다.

11. 과거의 성공이 독이 되는 경우다. 희망과 반대로 흘러갈 가능성이 높다.

12. 의미 없는 광고로 인한 어리석은 결론이다. 방법론을 고치면 된다.

13. 이벤트에 의지하는 건 곧 끝이 보인다는 의미다. 내 가게만의 확실한 이미지가 없

다는 증거이기도 하다.

14. 이벤트에 의지할 가능성이 높아진다. 당연히 식당은 점점 더 힘들어질 것이다.

15. 다른 궁여지책을 쓸 가능성이 높아진다. 역시 식당 상태는 더 안 좋아진다.

16. 진정성이 없다면 한때의 바람으로 지나갈 수 있다.

17. 잘못된 방법론이 문제다. 머리를 써야 할 때다.

18. 오너 자신의 문제가 대부분이다. 처방도 어렵고, 그 어떤 명약도 소용없다.

19. 맛이 문제다. 만약 맛이 괜찮다면 관리 시스템의 문제일 수도 있다.

20. 위의 19번과 비슷한 경우라고 할 수 있다. 식당의 본질을 잃은 상황이다.

21. 대안을 모른다. 이렇게 되면 시간이 지나면서 주저앉는 경우가 많다.

22. 11번과 비슷하지만 날개 없이 추락할 가능성이 높다.

23. 시장과 환경의 변화를 읽지 못하고 있는 상황이다.

24. 무언가 시도를 하려는 태도에 점수를 주고 싶다. 하지만 투자와 매출이 비례하지 않는다는 것을 곧 깨닫게 될 수도 있다.

25. 가능성은 반반. 자금 소요도 만만치 않을 듯. 그 자금만큼 뽑아낼지도 미지수다.

26. 아무리 트렌드에 부합한다고 해도 막차를 타게 될 확률이 높다. 트렌드에 맞게 메뉴를 바꿔가면서는 '맛집'이라는 타이틀을 만든다는 것이 불가능하다.

27. 자부심이 바닥이다. 맛있는 요리인데도 이상한 방향으로 변형되는 경우가 많다.

28. 홍보 부족 혹은 너무 자만하고 있는 경우다. 홍보 때문이라면 해결점이 보이지만, 자만심에는 답이 없다.

29. 현실을 잘 깨닫고 있는 상황이다. 경험에 또 다른 준비를 보태면 성공할 가능성이 높아진다.

30. 경험을 충분히 살려 올바른 방법을 활용할 때다.

31. 공간에 돈을 많이 들이는 것만이 답은 아니다. 전문가를 통한 지식을 얻는 것이 우선이다. 가장 문제가 되는 부분부터 추려내어 효율적으로 예산을 운용해야 한다.

32. 경험과 각오만으로도 맛집이 될 수 있겠다. 그러나 방법에 문제가 있다면 다시 원점이 될 확률도 있다.

33. 범위가 커진다는 것은 그만큼 고민하고 살필 점도 늘어난다는 것이다. 이렇게 무리수를 두다가 원점으로 돌아간 가게가 부지기수라는 것을 잊지 말자. 완벽한 준비가 필요할 것이다.

34. 너 나 할 것 없이 우리! 모두가 바라는 희망 사항이다. 꼭 그렇게 되자.

※ 이 문제 진단 차트는 저마다의 식당이 당면한 위험 요소들을 짚어내기 위해 작성된 것입니다. 내 식당에 대한 정확한 분석이 없이는 답을 얻을 수 없기 때문입니다. 아마 많은 분들이 꽤 여러 항목에 체크를 했을 것입니다. 미리 말씀드리면 18번을 제외한 나머지 경우라면 반드시 이 책을 읽어야 합니다. 그런데 만일 18번의 상황이라면? 거기까지는 제가 드릴 수 있는 것이 없습니다. 죄송합니다.

3
딱 3분 요약! 핵심 단어들, 이것만은 알고 읽으십시다

이 책에는 종종 어떤 '단어'들이 등장합니다. 들어본 것일 수도, 아닐 수도 있습니다. 물론, 하루하루 일하기도 바쁜 오너들의 금쪽같은 시간을 빼앗아 공부를 가르치고 싶은 생각은 추호도 없습니다. 다만, 이 책을 제대로 활용하기 위해서는 기본이 되는 몇 가지의 단어들을 머릿속에 넣어둘 필요가 있습니다. 그래서 아주 짧게 딱 3분만! 미리 훑어보고 가는 페이지를 준비했습니다. 그냥 한번 쭉 훑어보십시오.

리뉴얼(Renewal) : 개선 혹은 변화. 여기서는 영업이 부진한 외식업을 위해 일정한 방법으로 각 매장에 맞게 내 · 외부 환경을 바꾸는 의미로 사용한다.

콘셉트(Concept) : 식당이 추구해야 할 본질, 또는 다른 가게와 차별화되는 확고한 이미지.

브랜딩(Branding) : ① 브랜드를 만들기 위한 기획 및 작업 활동.
② 브랜드를 표현하는 시각적인 소품들(명함, 메뉴판, 리플릿, 패키지, 유니폼 등).

CI(Corporate Identity) & BI(Brand Identity) : CI는 회사의 특징을 시각화시킨 로고 이미지고, BI는 회사에 속한 브랜드를 도안한 로고 이미지다. 이 책에서 BI란 식당의 브랜드 로고로 이해하면 된다.

사인(Sign) : 식당의 이름이나 정보를 담은 간판 및 표지판, POP(요리 사진 포스터, 이미지 그림, 중소형 정보 안내 소품 등 디스플레이 광고물)의 총칭.

파사드 디자인(Facade Design) : 가게의 특징을 가장 잘 표현함으로써 기대감을 높여 고객을 유입시키게 하는 매장의 전면 인테리어 디자인.

카피(Copy) : 광고 홍보물에 들어가는 글(타이틀 · 서브 타이틀 · 본문 등)을 의미함.

스토리텔링(Storytelling) : '의미를 담아 이야기하다'라는 뜻. 즉 식당이 품고 있는 의미를 스토리로 만드는 것을 말한다.

SNS(Social Network Service) : 온라인 이용자들이 각자의 방법으로 인맥이라는 관계망을 구축하고, 서로의 의견을 나눌 수 있는 네트워크. 블로그를 포함하여 페이스북, 카카오스토리, 트위터, 인스타그램 등이 여기에 속한다.

바이럴 마케팅(Viral Marketing) 인터넷 · 모바일 · 메신저 등 식당의 요리나 서비스 등의 정보를 대량으로 전파시키는 마케팅 기법을 말한다.

※ 식당, 레스토랑, 카페, 커피숍, 빵집(베이커리) 등의 외식 산업은 서로 다른 분야입니다. 하지만, 별도의 예를 드는 것을 제외하고는 글의 이해를 돕기 위해서 '식당' 혹은 '가게'란 단어로 통일합니다. 이해하고 읽어주십시오.

지금부터 마법의 이야기를 시작합니다.

눈이 아닌 생각,

생각보다는 마음을 열고

들어오세요.

이런! 당신은 보석 상자를 열었군요!

손님이 없어 어려워진 식당을

다시 매출이 오르는 공간으로 바꾼다는 것.

쉬운 일이 아닙니다.

입지, 동선, 분위기, 고객의 소비 수준, 가게 간의 경쟁,

요리 솜씨, 오너가 요리를 할 수 있는 사람인가 아닌가의 여부,

매장 구조, 홍보나 마케팅의 식견, 종업원 관리 능력….

이외에도 드러나지 않은 수많은 내부 사정과

집행 가능한 예산 규모 등이 모두 다 고려돼야 할

대상에 속하는 까닭입니다.

이 중 몇 가지만 간과해도 올바른 개선이 어렵습니다.

이 모두를 잘 버무려

세심한 변화를 만들어가야만 합니다.

제가 한번 해보겠습니다. 애써 보겠습니다.

잘 읽어보십시오.

독자들도 지혜와 용기를 얻어 가실 수 있습니다.

그럼 이제 정말 시작입니다. 파이팅부터 하십시다!

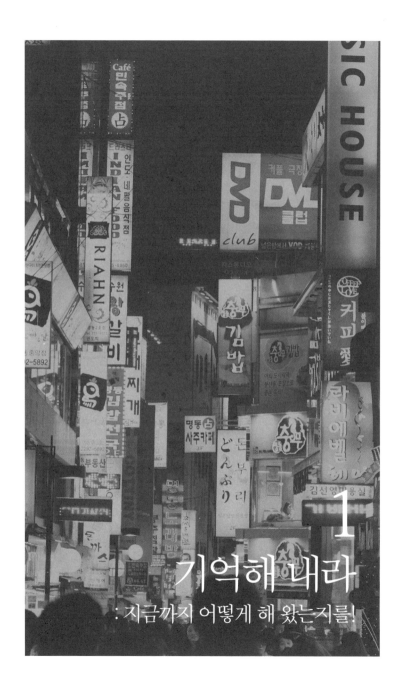

1

기억해 내라
: 지금까지 어떻게 해 왔는지를!

끝이 없는 평행선,
열심히 달려왔지만
결과가 없다

항상 고민한다. 어쩌다가 이렇게 매출이 떨어졌을까. 연구도 하고, 책도 읽고, 뉴스도 본다. 스스로 자문도 하고, 반성도 해본다. 할인도 하고, 전단지를 뿌려 봐도 딱히 뾰족한 수가 나오지 않는다.

정말 문제가 뭘까? 해결은 될까? 수많은 자영업자들을 만나보면 대부분 이것이 주된 관심사다. 또한 공통된 문제점도 있다. 그런데 안타깝게도 그런 문제들은 스스로는 잘 발견할 수가 없다. 자, 이제 이야기를 시작해 보겠다.

연인과 싸우거나 아내 혹은 남편과 말다툼을 벌이는 것은 서로의 이해 부족에서 비롯되는 경우가 많다. 소통이 중요하다는 것은 알지만 말처럼 실행할 수가 없는 까닭이다.

"내 배우자는 아무리 잘해 줘도 늘 불만이 많아!"라고 입버릇처럼 말하기도 한다. 이런 상황이 된 데는 세월이 한몫한다. 지난 세월 동안 차곡차곡 쌓여온 문제들이 앙금으로 남아 있기 때문인데 아예 그런 점을 모르거나, 아니면 애써 무시한 채 적당한 선물이나 외식 등으로 대체하려고 했기 때문이다. 이를테면 정서적인 교감 없이 그저 외적인 것만으로 해결하려 하는 것이다.

장사가 안 되는 이유도 이와 궤를 같이 하는 경우가 많다. 어떤 결과에는 반드시 원인이 있다. 그런데 이런 근본적인 것을 모르거나 소홀히 하며 사업을 하다 보면 난감한 상황에 봉착하게 마련이다. 매출이 줄어든 이유가 따로 있는데도 상담을 하다 보면 다들 엉뚱한 소리를 하고 있는 것이다.

"인테리어도 다시 해봤어요. 점심 특선도 만들어봤죠. 할인은 안 해봤겠어요? 전단지도 뿌리고, 블로그도 활용해 보고… 그때뿐이고 아무 소용이 없더라구요. 안 된다니까요."

포기 상태에 다다른 그들의 목소리가 생생하다. 그러니까 그들의 주장은 '왜 열심히 하는데도 안 되는 것이냐?'이다. 이것은 결국 애인이나 배우자에 대한 불만과 흡사하다.

안 되는 식당을 완벽하게 변화시켜 성공적으로 리뉴얼하려면 단편적인 방법론을 적용하는 것으로는 부족하다. 그런 것들은 사실 미봉책일 뿐이다. 내 가게의 진짜 문제점, 손님이 진정으로 원하는 것들에 눈을 돌려야 한다. 사람들이 생각하는 매장의 단점을 모른 채 남들이 하는 방법론만 활용하다 보니 안 될 수밖에 없다.

리뉴얼에서 가장 중요한 것은 내 가게 주변과 핵심적인 사안에 대한 이해에서 출발해야 한다. 가장 미련한 이가 정작 본인의 문제는 모른 채 그저 열심히만 하는 사람이다. 이것은 정말 어두운 터널 속으로 헤엄치듯 들어서는 것과 같다. 아무리 급해도 충분히 쉼 호흡을 하며 내 주위를 살펴봐야 한다. 왜 장사가 안 되는지… 냉정하게 짚어볼 필요가 있다. 그래야만 진짜 '리셋(Reset)'이 가능해진다.

사업의 시작,
그 첫 마음으로
돌아가 볼 것

식당을 개조하는 업무에 관해 참으로 다양한 대화들을 주고받게 된다. 장사가 부진한 가게의 애로 사항을 듣는 것을 시작으로 마케팅 지원이나 인테리어 디자인, 새롭게 개편하고 싶은 브랜드 이미지나 매장 리뉴얼, 나아가 비즈니스 모델 개발과 사업 제안까지…. 어떨 때는 가게 정리 후 남은 재고나 자재들을 처분해 달라는 부탁까지 받을 정도다. 어쨌든 내가 누군가에게 도움이 되는 건 감사할 일이다.

오래된 경험 하나가 있다. 2000년 무렵, 잘 아는 친구가 장사를 하려고 준비한 적이 있었다. 매서운 한파가 절정인 시기였는데 그때, 친구와 나는 날이면 날마다 거리에서 헤맸다. 거의 일주일 가까이 인접한 교차로와 사람들이 유입되는 대로변, 이면 도로 길목 등에 쭈그리고 앉아 상권을 체크했다. 따뜻한 물통을 옷 속에 품고, 언 손을 녹여가며 그야말로 '매의 눈'으로 거리를 바라보던 시간이었다.

장사 아이템과 유동 인구 분포와 성격, 입지와 동선 등 상권의 분석은 장사를 앞두고 당연하게 생각하는 절차다. 이후 친구는 이런 집요함과 정성으로 장사를 시작했고, 지금은 꽤나 큰 부자가 되었다. 그 당시 나는 창업 준비를 하는 사람들이라면 다들 거치는 과정인 줄만 알았다. 그런데 막상 내가 이 분야로 뛰어들어 일을 시작해 보니 나만의 점포를 오픈하겠다고 하면서 최소한의 조사도 하지 않는 사람들이 의외로 많다는 점이었다. 그들에게 친구와 내가 경험했던 이야기를 들려주면 매우 놀라워한다. 나로서는 그런 표정을 짓는 그들이 더 놀라울 정도다. 결과론적으로 그런 사람들은 생각보다 더 빨리 벽에 부딪히게 된다. 인생사 모든 일에는 이른바 수업료라는 것이 따라붙게 마련. 어떤 일을 시작할 때는 일정한 대가를 치러야 하고, 이 수업료라는 것은 그토록 원하는 성공으로 나아가기 위해 필요한 일종의 증표라고 볼 수 있다. 충분히 고민하고, 조사 분석하는 준비 과정이 탄탄할수록 자신이 하고자 하는 일에 대한 폭넓은 이해와 시야가 만들어진다. 물론 준비가 탄탄하다고 해서 성공 확률이 비례하는 것은 아니다. 반대로 준비가 부족했다고 해서 반드시 나쁜 결과를 보게 되는 것도 아니다. 그럼에도 불구하고 착실히 준비한 사람을 이길 수는 없다는 것, 이 사실에 주목하자.

첫 마음으로 냉정히 돌이켜보니 준비가 부족했다고 느껴지지 않는가? 그렇다고 포기할 필요는 없다. 다시 시작하면 그만이다. 리셋이 필요한 지금, 다시 철저한 준비로 진짜 성공을 이루면 된다.

과거는 과거일 뿐이다. 충분히 반성도 하고, 고생도 겪을 만큼 겪었으니 그에 대한 보상을 받아야 하지 않겠는가. 성공한 사람들은 다 이런 시간들을 거쳤다는 생각을 마음에 담아두자. 지금 너무도 힘든 이 시기는 그런 증표를 받기 위한 과정이라고 생각하자.

'독점'이란 없다!
경쟁 점포를
두려워하지 말 것

　도심 번화가는 물론 새롭게 조성되는 신도시 상권이나 아파트 단지, 심지어 같은 상업 빌딩 공간이라 할지라도 엇비슷한 업종이 들어오는 경우가 많다. 다른 일도 마찬가지겠지만 외식업 역시 필연적으로 경쟁할 수밖에 없는 산업이다.

　전 세계 맥도날드 매장 숫자보다 이 땅에 치킨 가게가 더 많을 정도니! 외식업을 한다면 미리 염두에 두고 있어야 할 점이라는 뜻이다. 아니, 어쩌면 상대방은 더욱 주도면밀하게 움직이고 있을지도 모른다.

　많은 사람들이 식당을 하려는 데는 진입 장벽이 그만큼 낮다는 것도 이유가 될 수 있다. 언제든, 누구든, 마음만 먹으면 시작할 수 있다고 생각하는 사업. 이것은 내 가게와 똑같은 메뉴를 판매하는 식당이 언제든지 바로 코앞에 생길 수 있다는 뜻이기도 하다.

　지역 독점권을 주는 프랜차이즈 매장을 운영한다고 하더라도 그것은 그 해당 브랜드에 한정하는 것이지, 비슷한 메뉴의 점포가 들어오지 않으리란 보장은 없다. 똑같은 메뉴라고 해도 고유의 특제

소스나 레시피가 있어서 괜찮다? 절대로 그렇지 않다. 그건 어느 가게, 같은 프랜차이즈 업체라면 누구라도 그들만의 레시피를 가지고 있기 때문이다.

따라서 '고유'나 '독점'이란 의미를 굳이 믿을 것도 없고, 그렇다고 나와 같은 메뉴를 가진 경쟁 점포를 지나치게 경계할 필요도 없는 것이다. '맛'이란 지극히 상대적인 가치이기 때문에 특정 식당의 맛이 최고라는 개념은 이 세상에 없다.

국내 외식업은 전쟁이며 전국(戰國)의 개념이다. 춘추전국시대처럼 한정된 공간에서 많은 나라가 싸우고 있는 형국인 셈이다. 어디 식당뿐일까. 살아가는 모든 과정이 다 그렇다.

오히려 경쟁 점포를 통해 건강한 경쟁을 하다 보면 내 가게의 장점을 더욱 분명하게 찾을 수 있고 선명하게 어필시킬 수 있다. 이것이 바로 위기를 기회로 바꾸는 전략이며 전쟁에서 이기기 위한 첫 발상이다.

상권? 장사의 고수는 입지에 돈 쓰지 않는다!

매출 때문에 고민하는 많은 오너들이 입지에 대한 이야기를 한다. 가게 자리가 문제라고 생각하는 것이다. 그렇다. 입지는 중요하다. 최소한 10여 년 전까지는 이 말이 진리에 가까웠다. 상권이 좋으면 그만큼 유동 인구가 많다는 것을 의미하니 사람이 많은 길목에서는 어떤 장사든 문제없다고 여겨지는 것이 당연하다.

일단은 눈에 보이는 인파, 즉 기본적으로 거리를 오가는 수많은 고객들만큼은 얼마든지 확보된 것이라 생각하기 때문이다. 산술적으로 계산해도 그중 몇 사람만 들어와도 매출은 충분하게 보장이 된다. 게다가 음식이 맛있고, 서비스가 좋다면 플러스알파! 더할 나위가 없을 것이다.

이번에는 역으로 말해 보자. 상권이 안 좋으면 장사도 안 될까? 그리고 자금이 부족해서 좋은 위치를 잡을 수 없었다면 그 장사는 반드시 실패할까? 진심으로 가게 터 때문에 장사가 안 된다고 생각하는가? 그렇지 않다. 그리고 중요한 것은 어떻게든 지금 바로 그 공간에서 살아남아야 한다는 사실이다.

상권이 좋다는 것은 그만큼 부대 비용이 늘어난다는 것을 의미한다. 외견상 많은 손님들로 북적대고 있다 하더라도 그 속을 들여다보면 이야기가 달라진다. 이는 바로 번화가답게 높은 임대료와 각종 부대 비용의 압박을 받고 있다는 뜻이다. 그러니까 또 그만큼 버는 것이 아니겠느냐고? 만일 이렇게 묻고 있다면 여러분은 아직 초보 경영자다.

중심 상권에 있는 가게들이 높은 이익을 내는 것은 맞다. 하지만 더 자세히 들여다보면 좋은 상권에 있어도 정반대의 길을 걷고 있는 점포들이 허다하다. 아니, 이익을 낸다 하더라도 차별화되거나 부가가치가 높은 독보적인 아이템이 아닌 이상, 수익률은 투자 대비 기대에 훨씬 못 미치는 경우가 많다.

지난 수년간 대표 상권의 임대료 상승률은 물가나 수익 상승률을 훨씬 웃돌았다. 과거에는 이렇게 투자할 때 이 정도 이익이 났다고 계산했었지만, 현재는 그 판세가 완전히 바뀌어버린 것이다. 투자한 만큼 이익으로 되돌아오지 않는 것이 지금의 현실. 이 때문에 남는 것은 없고, 심지어 적자인 가게가 부지기수다.

더구나 외식업, 즉 식당이 이렇게 메인 상권으로 들어오는 것은 그만큼의 리스크를 안아야 하는 일이다. 또한 다른 예로 변두리에 이슈를 만들어 상권을 형성시키고 활성화되기 시작하면 컵에 물이 넘치듯 부근의 임대료 역시 덩달아 오르기 마련이다(젠트리피케이션 Gentrification). 이렇듯 운영 대비 수익을 보장받는다는 것은 갈수록 어려워진다. 그래서 성공했다 싶은데도 얼마 못 가 이전이나 폐업을 하는 식당들을 심심찮게 볼 수 있는 것이다.

자, 그렇다면 과연 어떤 곳이 바람직한 가게 터일까? 흔히 말하는 '맛집'은 메인 거리에 자리 잡고 있지 않은 경우가 많다. 이것이 무엇을 뜻하는 걸까. 번화가라는 입지 개념보다는 그 식당에서 파는 요리와 그 가게만의 그 무엇. 바로 이것을 경쟁력의 초점으로 맞추고 있다는 뜻이다.

사람들의 정서에는 의외성이 있다. 찾기도 쉽지 않고, 발품을 무척 팔아야 하는 위치에 식당이 있어도 입소문이 난 곳이라면 기꺼이 찾아가는 습성이다. 나부터도 기어이 찾아가 맛을 본 집들이 전국 팔도에 널려 있을 정도니 말해 무엇 할까. 심할 때는 저녁 한 끼를 먹으러 왕복 100㎞를 달려간 경우도 종종 있다.

끼니 한번 때우려고 그렇게 멀리까지 가는 일이 정신 나간 짓이라고 생각하면 이해가 안 될지도 모르지만 그곳을 찾아가는 마음, 요리를 기다리는 설렘, 좀 더 먼 공간에서 식사를 하는 즐거움이 총체적으로 작용하는 시대가 되었다는 걸 의미한다.

이 시대의 사람들은 그만큼 먹고 싶은 것이나 즐길거리가 있다면 시간과 공간을 개의치 않는다. 특히 한국 사람들은 소문을 확인하고, 또 경험을 통해 동참하고 싶어 하는 트렌드가 커졌고 그런 욕망 또한 강하다.

바로 이런 심리를 잘 이해할 필요가 있다. 그러니까 가게 터가 안 좋아도 풀 죽을 필요가 없다. 그 자리에 맞게 메뉴를 짜고, 마케팅을 펼쳐야 한다. 그리고 제발 터가 좋은 곳에 가게를 잡기 위해 큰돈을 쓰지 않기를 당부한다. 오히려 외진 곳에 위치한 보석 같은 식당을 찾는 기분! 이런 발견의 기쁨을 손님들에게 선물해 주기를 바란다.

진짜 재기하고 싶다면
트렌드에
휩쓸리지 말 것

배가 고프다. 즐겨 찾던 식당 부근에 또 다른 가게가 개업을 했다. 어라? 그런데 판매하는 메뉴까지 똑같다. 깔끔한 디자인에 간판도, 내부도 깨끗하고 감각적이다. 게다가 맛도 좋다. 오픈 행사로 할인 이벤트를 한다는 현수막까지 걸려 있다면? 일반적인 사람이라면 두말할 것도 없이 그곳으로 향하는 게 인지상정이다.

상권이 형성된 지역에 신규 식당이 입점한다면 맛과 함께 인테리어나 각종 디자인 관련 등의 리허설을 거친다. 게다가 그 지역이 A급 상권이라면 식당 간판을 올리기까지 더욱 많은 준비와 노력을 기울이게 된다.

보통 상권이 발달한 번화가에는 이렇듯 비슷한 메뉴의 식당들이 경쟁하듯 자리를 잡고 앉은 모습을 쉽게 볼 수 있다. 따라서 결국은 같은 파이를 나눠 가질 수밖에 없는 게 우리가 직면하고 또 받아들여야만 하는 현실이기 때문에 더더욱 외식업은 치열해질 수밖에 없다.

사람들은 대체로 새 가게, 새 브랜드를 선호한다. 그것은 이미 알고 있던 이전의 가게와는 좀 다르거나 더 나을 것이라는 일종의 기대감 때문이다. 그런데 우연히 방문한 그 가게가 마음에 쏙 든다면? 과거의 단골 가게로 굳이 발길을 돌릴 이유가 없어진다.

이렇게 되면 기존의 식당들은 고심할 수밖에 없다. 손님을 빼앗기게 된 원인을 찾다가 변화를 시도하는데 그중 하나가 메뉴를 유행하는 것으로 바꾸거나 인테리어, 사인물, POP 등 외형이 그럴싸해 보이도록 하는 일에 돈을 쓰는 것이다.

물론 아무 시도도 하지 않는 것보다는 낫겠지만, 이것만으로는 원하는 만큼 고객들을 지속적으로 가게에 불러들이지 못한다. 이런 맥락이라면 지금의 가게를 전면적으로 꾸미고 고쳤다고 해도, 다른 가게가 또 생기면 내 매장은 다시 구식이 되고, 매출 역시 떨어지는 악순환의 반복에서 영영 벗어나지 못하게 될 것이다.

트렌드를 좇지 말자. 트렌드와 관계없이 당당하게 승부하려는 배짱을 가지라고 말하고 싶다. 칙칙한 매장을 산뜻하게 바꾸거나 불편한 공간을 수리하는 것은 필요하지만, 남들이 하는 흉내나 허세를 좇는 투자는 피해야 한다. 외식업의 성공은 결코 멋을 부린다고 이루어지는 게 아니다. 발 빠르게 트렌드를 좇는다고 해서 이길 수 있는 것도 아니다.

고객은 비슷비슷한 분위기보다 무언가 차별화된 '한 방'을 기대한다. 이른바 롱런을 하고 있는 맛집들. 명소가 된 식당들은 맛과 분위기, 그 식당에서만 누릴 수 있는 감성 등이 고루 어우러져 있다.

때로는 낡은 공간과 찌그러진 냄비를 보존한 채 손님을 끌어 모으는 식당도 있다. 식사를 이성이나 논리로 분석하며 하는 사람은 없다. 원래 외식업은 본능이 교감하는 느낌의 사업이다. 그러므로 훨씬 더 불편해도 비정형적인 공간이라도 통하는 사업이 되는 것이다. 이런 느낌으로 고객들에게 확고한 이미지가 생기면 그 가게는 더 이상 다른 경쟁 식당이나 트렌드 따위에 휘둘리지 않게 된다. 제아무리 새로운 가게들이 주변에 들어서도 큰 영향을 받지 않는 견고한 철옹성을 이루게 되는 것이다.

당신은 지금, 망해 가는 가게를 수렁에서 건져올려 다시 새로운 명소로 거듭나게 하기 위해 이런 쓴소리와 달콤한 소리들을 듣고 있는 중이다. 그간 아마도 주위에서 당신에게 많은 이야기를 했을 것이다. 또 입맛에 맞는 이야기만 골라서 했을 수도 있다. 경영난을 겪고 있는 사람중에는 이런 단맛에 길들여져 있는 예가 너무나도 많다. 그래서 지금 결과가 어떤가? 소득도 없는 헛된 희망 고문만 거듭됐다면 이제는 그 고리를 끊어내야 한다. 그러니 대충 넘기지 말고 집중과 성의를 다해 읽고 들어주기를 바란다.

나도 대박 식당을
만들 수 있다고
주문을 걸 것

그리 큰 자본을 들이지 않고, 또 썩 좋은 상권이 아닌데도 개천에서 용 나듯 성공한 식당들을 주위에서 종종 만날 수 있다. 외식업 성공에는 많은 요소가 있지만, 사실 그 노력의 정도로 보면 당신도 그들과 결코 다르지 않을 것이다.

그러니 대박 식당을 보면서 배가 아프다고 느끼는 것은 당연한 일이다. 정작 먹어보면 별것도 없는 것 같은데 저 집은 왜 매일매일 손님이 미어터지는지… 한숨이 나오고 울화가 치미는 게 정상이다.

하지만 위기 속에 기회가 있다는 말이 있다. 맞는 말이다. 위기에도 불구하고 절호의 기회를 잡기 위해서는 무엇보다 '우리 식당만의 차별 점을 찾을 것이며, 이것으로 반드시 성공할 것이다'라는 끓어오르는 열망이 있어야 한다. 이것은 비단, 외식업계에 국한된 말이 아니라 인생 전반을 관통하는 성공 비결이다.

또한 멀리 보고, 길게 호흡하는 자세가 필요하다. 그 옛날의 활황기, 소위 '좋았던 시절'부터 지금까지 이어온 식당들 중에는 부침이 심한 이 바닥에서 여전히 살아남아 호평을 이어가는 경우가 많다.

그들의 특징은 말 그대로 '살아남았다는 것'. 소신을 가지고 참으면서 뚝심 있게 견뎌낸 산물이 오늘의 영광을 안겨준 것이다.

장사가 안 된다고 얼굴 가득 우거지를 뒤집어쓴 채 아무 의욕도 없이 앉아 있는 주인 밑에서 긍정이 싹트는 직원은 있을 수 없다. 그런 가게의 음식이 맛있을 리 없고, 그곳이 친절할 리도 없다. 다시 말해 오너인 당신이 자신감을 품고 있는가, 아닌가에 따라 식당의 성패가 갈린다는 뜻이다.

당신을 힘나게 하는 주문 하나를 만들어라. 그리고 그 주문을 직원들과 함께 공유하라. 나아질 것이라는 확신을 서로에게 심어주는 것. 이것만으로도 식당 분위기는 완전히 달라질 것이다.

인적 드문 주택가 골목의 부대찌개 식당

이 식당은 주택가에 위치하고 있었다. 대로가 아닌 이면 도로의 끝자락에서 안쪽으로 깊숙이 들어가야 만날 수 있는 곳. 오가는 사람들도 별로 없었다. 상권이라 말하기조차 민망한 띄엄띄엄 있는 가게와 우유 대리점, 창고 같은 것이 전부였다. 즐길 것이 전무한 전형적인 베드타운(Bed Town)의 입지와 적은 유동 인구, 주차 시설은 물론 대중교통의 접근성도 나쁜, 참으로 애매한 위치였다.

이런 곳에 가게 터를 잡게 된 것은 늘 그렇듯 예산 때문이었다. 그래도 다행인 것은 오픈한 지 얼마 안 된 관계로 깨끗한 인테리어와 대중적인 가격에 맛이 나쁘지 않다는 점이었다. 그럼에도 불구하고 큰 꿈을 품고 시작한 가게가 고전을 면치 못하자, 오너가 나를 찾아왔다.

사정 이야기를 충분히 듣고, 음식 맛을 체크하면서 나는 약간의 '호기'를 부려보기로 했다. 이곳은 입지 조건이 나쁜 대신, 경쟁 점포가 없는 이점이 있었다. 상권이 없는 주택가 귀퉁이에 위치한 가게. 저녁이면 약속이 있는 사람들은 번화가로 나갈 것이고, 나머지는 하루 일과를 마치고 집으로 돌아가는 이들이 태반인 곳이었다. 그래도 조금만 걸어 나가면 구청과 세무 관련 업종 사무실들이 늘어서 있었다. 가능성이 있는 해볼 만한 싸움이라고 여겨졌다.

사실, 의뢰인은 상담 중에 '온라인 마케팅'에 대한 기대감을 표현했다. 하지만 이곳은 온라인 마케팅보다는 다른 방향으로 접근하는 게 좋겠다는 생각이 들었다. 맛은 괜찮지만 사람들이 여기까지 찾아오게 하는 것은 무리였고, 게다가 이 부근에는 즐길 만한 것이 없었기 때문이다. 따라서 최선의 방법은 지역민을 대상으로 하는 오프라인 마케팅!

먼저 전단지 영업을 제안했다. 그러나 오너는 고개를 저었다. 오픈할 때 전단지를 돌렸지만 효과를 보지 못했다는 까닭이다. 소주 한 병을 무료로 준다는 이벤트까지 넣었지만 거들떠보지도 않더라는 거였다.

하지만 뿌리고 남은 전단지를 살펴보니 웃음이 나왔다. 눈길을 줄 만한 구석이 하나도 없는 전단지였다. 콘셉트도 없는 촌스러운 디자인에 메뉴에 대한 호기심도 전혀 느껴지지 않았다. 그까짓 소주 한 병을 공짜로 먹기 위해 더 좋은 상권, 더 유명한 식당을 마다하고 굳이 이 구석까지 찾아올 사람이 과연 몇이나 되겠는가.

요리 사진을 다시 찍고, 문구를 넣었다. 무엇보다 이런 상황은 여기에 이런 곳이 있다는 걸 알리는 게 더 중요했다. 그리고 이곳에 얼마나 맛있고 괜찮은 요리가 있는지를 알리기 위해 메뉴 홍보에 주력했다. 재료에 대해서는 프랜차이즈 부대찌개 식당과 무엇이 다른지를 짚어주었다. 그리고 메뉴마다의 맛을 상상해 보게 하는 문구들을 요소요소에 가미해 식욕을 돋울 수 있게 만들었다.

또 하나! '오픈 기념'이라는 문구를 넣는 것을 잊지 않았다. 의뢰인은 왜 다시 '오픈'이라는 단어를 넣느냐고 했지만 지금까지도 이 가게를 모르는 사람이 이 골목에 사는 주민들 외에 상당수였기 때문이다. 특히 점심시간이 되면 주변 식당을 전전하며 이미 먹어본 음식들에 싫증을 느끼고 있는 관청, 사무실 사람들을 공략하는 것이 포인트였다.

먼저 메인이 되는 단품을 표시하고 할인 행사로 더 싸게 먹을 수 있는 3인 세트나 4인 세트 메뉴를 넣고, 할인 문구도 적었다. 행사 시간대와 날짜까지 명기하여 사람들을 유도했다. 물론, 그 기간이 지난 이후에는 이 부분을 런치 메뉴로 슬그머니 바꾸었다. 결국 언제 찾아와도 그 가격으로 먹을 수 있는 상시 할인을 의미하는 셈이 되었지만!

여기에 의뢰인은 '술자리로도 좋다'는 문구를 넣고 싶어 했다. 하지만 제외했다. 그렇게 되면 콘셉트가 너무 복잡해지기 때문이다. 맛있고 푸짐한 부대찌개를 먹을 수 있는 식당. 이 하나로 충분했다.

광고에 너무 많은 내용을 담는 건 피하는 것이 상책이다.

이렇게 제작한 전단지를 들고 관공서가 몰려 있는 대로변 사거리로 나가서 매일 뿌렸다. 다른 홍보 수단은 일절 배제하고 전단지만 뿌렸다. 시간대는 사람들이 식사를 하러 나오기 시작하는 정오 직전부터였다. 효과는 즉시 나오기 시작했고, 사람들은 하나둘, 이 가게를 알게 되었다.

"이 동네에 이런 곳도 있었네!"

반가워하며 찾아오는 고객들의 숫자가 점점 늘어났고, 머지않아 고객들이 줄 서서 기다리는 식당으로 탈바꿈할 수 있게 되었다. 더구나 저녁 시간에는 자연스럽게 술손님까지 더해져 장사는 순항을 하기 시작했다.

전단지 하나만으로 일어선 가게. 물론 음식 맛을 담보할 수 있었기 때문에 가능한 일이었지만, 그 가게의 키포인트를 잡아낸 나는 그만큼 큰 보람을 느낄 수 있었다. 전통적인 광고 매체로서 전단지를 그저 형식적인 광고로 생각하는 사람들이 많다. 하지만 '전단지는 아무 효과가 없어!'라고 치부한다면 다시 한 번 고려해 보기를 권한다. 물론, 그 전단지가 좋은 전단지인지, 아무 쓸모없는 전단지인지에 따라 성패가 갈리겠지만 말이다.

트렌드 지난 업종의 부활. 이탤리언 레스토랑

어느 해 봄날, 한 이탤리언 레스토랑에서 연락을 받고 찾아갔다. 대로변 상가 건물 2층, 132㎡(약 40평)의 공간에 15여 개의 테이블로 나름 고급스럽게 꾸며놓은 곳이었다. 인테리어도 나쁘지 않았고, 위치도 역사에서 그리 멀지 않아서 유동 인구 또한 좋은 곳이었다. 영업을 한 지는 6~7년 정도로 한때 성공도 했는데, 어느 시점부터 매출이 빠지기 시작해 부활의 기미가 보이지 않는다는 것이었다.

그간 전단지나 현수막, SNS 등 이런저런 홍보를 했지만 일시적일 뿐, 매상이 점점 떨어지고 있다고 했다. 오너는 그 이유가 맛에 있는지, 아니면 인테리어 같은 분위기 때문인지 도무지 알 수가 없다고 고민했다. 그러던 중 '브랜드'라는 개념을 알게 되었고, 그 이후 나를 찾게 된 케이스였다.

어찌 보면 개인 사업자가 '브랜드'라는 단어를 인식하기 시작했다는 자체는 대단한 일이었다. 뒤집어 보면 그만큼 많이 알아보고, 시도하고, 실패를 거듭하는 치열한 시간이 흘렀다는 것을 의미할 터다. 나는 그의 이런 노력들을 높이 평가하며 브랜드라는 개념에 대해 보다 더 구체적으로 설명했다. 그러고는 매출 상승을 위한 몇 가지 방법을 기획한 후 작업을 진행했다.

보통의 경우, 급한 불부터 끄자고 권유하는 편이지만 이 업소는 조금 다르게 접근했다. 당장의 매출 상승만을 목표로 두는 것이 아니라, 향후 브랜딩(브랜드를 만드는 작업)까지 염두에 둔 채 일을 진행했다. 다행스러운 것은 오랜 시간 산전수전을 겪으며 사업을 했던 오너라는 점. 당장의 매출에만 연연하지 않겠다는 그의 마인드가 나를 힘나게 했다. 나는 요리의 맛에 대한 재평가부터 가격, 고객 파악과 홍보 등 근본부터 하나씩 체크해 나가기 시작했다.

이탤리언 레스토랑. 옛날 같으면 고급 중의 고급으로 꼽혔겠지만 이제는 이탤리언 푸드는 전혀 신선하지 않다. 오히려 지극히 대중적인 음식이 되었다. 그만큼 외식업 시장이 변화를 거듭하고 있다는 뜻이다. 물론 아직도 고급스러운 분위기로 치장한 레스토랑이 많지만 이에 필적하면서도 규모가 큰 뷔페 형식이라거나, 풍성한 원 플레이트 요리, 또한 차나 음료를 무한 리필하는 식의 기획형 프랜차이즈가 생기기 시작하면서 요리만으로 승부를 걸며 영업하던 개인 레스토랑들은 고전을 면치 못하는 현실이 되었다.

그렇다면 해답은 무엇일까? 이런 상황은 더욱 요리 자체에 무게를 두어야 한다. 의뢰인의 요리는 한마디로 크게 흠잡을 데 없는 맛이었다. 하지만 "정말 맛있다!"라고 말하기에는 무언가가 부족했다. 이럴 때는 상당 부분을 내려놓아야 한다.

역시 뭔가 변신을 위한 구체적인 대응이 필요했다. 일단은 단품 가격을 10% 정도 내리고 메뉴의 가짓수를 줄이기 시작했다. 하루, 일주일, 한 달 치 판매 데이터를 보면서 잘 나가는 메뉴를 보강시키고, 간간이 주문받는 메뉴는 줄이거나 아예 삭제했다.

장사가 안 되는데 많은 메뉴를 붙들고 있으면 식자재 관리가 문제가 될 수밖에 없다. 식자재 관리가 제대로 되지 않는 상황에서 뛰어난 맛이 나올 리가 없다. 지금까지의 요리는 잊고 다시 심기일전하여 입에 감기는 맛을 찾는 것과 동시에 가니시(Garnish-고명)까지 보강하며 요리 자체의 비주얼에도 힘을 쏟기 시작했다.

여기에 매장에 묻어 있던 먼지를 털고, 새롭게 리뉴얼하는 의미로 BI(Brand Identity)를 변경하는 것도 빼놓지 않았다. 간판과 메뉴판, 조명을 교체하고 우중충해진 벽의 컬러도 산뜻하게 다시 칠하고 분위기가 환기되었다는 느낌을 고객들에게 전달될 수 있게 하였다.

저녁에는 중저가의 술안주 요리도 만들었는데 이 또한 주효했다. 그도 그럴 것이 이탤리언 레스토랑은 대체로 명품 요리 위주라는 고정관념을 갖게 한다. 그런 생각에서 벗어나 이 가게는 가볍게 들러 술 한잔하기에도 좋은 곳이라는 공간 개념을 심어주려 했다. 물론 '맛있는 이탤리언 요리를 판매하는 레스토랑'의 개념을 침범하지 않는 범위 내에서 말이다.

요리와 공간의 리뉴얼을 마친 후에는 페이스북과 블로그를 물색해 운영자와 블로거들을 초청했다. 리뉴얼에 적지 않은 자금이 들어갔으니 온라인 홍보에 돈을 쓰는 일은 미루자는 의견도 있었지만 내 생각은 달랐다. 초기 바람몰이가 얼마나 중요한지를 설명하며 오너를 설득했다.

그러고는 바뀐 메뉴를 전부 맛보게 하고, 더 많은 시식자들을 불러들이는 공격적인 마케팅을 진행했다. 바뀐 분위기와 디자인 그리고 메뉴들을 맛본 사람들은 칭찬을 아끼지 않았다. 별 생각 없이 지나치며 바라보았던 이 식당이 얼마나 멋진 곳인지를, 시키지 않아도 알아서 홍보하는 사람들이 점점 더 늘어나기 시작했다.

결론? 이 이탤리언 레스토랑은 기대 이상의 호황을 누리기 시작했다. 무엇보다 '열린 마음'으로 믿고, 따라주었던 오너가 있었기 때문에 가능한 일이었다. 이번 예는 당장의 이익보다 한 걸음 더 먼 곳을 바라볼 줄 아는 시각이 있었기 때문에 더욱 성공적인 변신을 할 수 있었던 케이스였다.

2

찾아라
: 몰랐거나 혹은
알고도 외면했던 문제들을!

사실 매출 하락의
원인은
내부에 있다

여기저기 식당들을 다니다 보면 경기가 안 좋다는 말이 실감난다. 많은 자영업자들이 사업을 접고, 또 그 자리에 새로운 가게가 들어서는 일이 비일비재하다. 이쯤 되면 돈을 버는 사업은 간판 가게가 되는 건가.

실제로 2008년, 미국의 서브 프라임 모기지론으로 시작된 세계 금융 위기 여파가 지금까지 이어지고 있다. 덕분에 물가도 그간의 지표와는 비교가 안 될 만큼 단번에 상승해 버렸다. 물가가 오른다는 것은 모든 산업의 가격 상승과 그에 따른 정책 변화를 가져온다. 소비 패턴이 변하는 것은 당연한 일이며, 영업 전략은 가랑이가 찢어지도록 이런 상황을 따라가야 한다.

자영업자들이 말하는 공통분모가 있는데 대체적으로 '옛날이 좋았으며 상대적으로 현재는 힘들다'이다. 하지만 이분들이 과거에 어떻게 사업을 했는지는 몰라도 그때의 호황은 그때만 통하던 방식이었다. 그때가 좋았다는 가게일수록 현재, 부진한 이유가 분명 있게 마련이다.

예를 들면 맛이 없다, 값이 비싸다, 홍보가 제대로 안 됐다… 대충 이런 정도로 압축될 것이다. 그런데도 오너에게 질문을 던져보면 그때나 지금이나 한결같은 방법으로 장사를 하고 있다고 한다. 매출 하락의 원인을 모르는 것이다.

이쯤에서 나는 쓴소리를 시작할 준비를 한다. 이유도 없이 매출이 떨어지는 미스터리를 풀어주어야 하기 때문이다.

사실은 장사가 안 되는 가게일수록 할인이라든가 쿠폰, 각종 이벤트 등 다양한 시도를 하고 있는 것을 볼 수 있다. 하지만 고객들은 귀신같이 안다. 어느 가게의 매출이 내리막길을 걷고 있는지 누구보다 고객들이 먼저 알고 있는 것이다.

게다가 사람들은 장사가 안 되는 걸 알아차리면 오히려 더 그 식당으로 가지 않으려고 하는 성향이 있다. 이런 고객 심리가 다시 매출 하락의 원인으로 이어지고 결국은 점점 더 깊은 수렁 속으로 빠지게 되는 것이다.

열심히 하면 성공한다는 논리는 사실, 교과서에만 존재하는 이야기다. 누구나 다 열심히 일하는데 왜 누구는 성공하고, 누구는 실패할까? 정말로 운이 따라주지 않아서일까? 아무리 불황이지만 장사가 잘 되는 식당과 안 되는 식당은 반드시 있고, 이 안에는 분명한 차이가 존재한다.

그러므로 '내가 파는 요리는 아주 맛있는데 손님이 그걸 몰라 준다'고 생각해선 안 된다. 그렇게 맛있다면 왜 안 팔리는지, 그 이유에 대해 치열하게 접근해야 한다. 그리고 그 이유는 내부에 있을 확률이 높고 실제로도 그러하다.

사람들은 맛과 서비스, 분위기 등 식당을 평가하는 기준이 저마다의 편의로 해석하는 매우 차가운 감성을 가지고 있다. 즉, 인정사정없이 움직이는 것, 바로 이것이 고객의 성향이다. 그러므로 장사가 안 되는 이유를 분석할 때에는 반드시 고객의 시점에서 시작해야 한다. 그렇게 해야만 다시 융성시킬 수 있는 방법을 찾을 수 있기 때문이다.

그러나 늘 불경기 탓만 하는 오너라면 아무리 좋은 처방전을 쥐여주어도 그것을 섭취할 만한 그릇이 못 된다. 명약을 먹을 자세가 되어 있지 않다면 세상 그 어떤 진귀한 약도 아무런 소용이 없을 것이다.

"똑같은 행동을 반복하면서
다른 결과가 나오길 바라는 사람은
미친 사람이다."

———

아인슈타인

한때는 큰 성공을
누려봤던
당신을 위한 조언

전부 같을 수는 없겠지만 한 사업체를 경영하는 오너의 성향은 대개 돌진형이 많다. 진취적인 돌진형은 전형적 수장의 이미지를 전파하며 회사의 정체성을 결정짓는 중요한 아이콘 역할을 한다.

하지만 처음부터 그 사람이 유달리 특별하다거나 앞을 향해 코뿔소처럼 돌진하는 유형이었던 경우는 별로 없다. 본디 사업이란 정체되기 시작하면 위험해지므로 계속 움직여야만 하고, 이런 바로바로 행하는 습관이 몸에 배어 "우리 사장님은 돌진형 스타일이야!"라는 말이 나오게 된 것이다. 지금까지 수많은 오너들이 그렇게 일해왔고 성공의 시절을 누렸다.

그러나 세월은 지나고 세상도 변화한다. 그동안 행해져 왔던 승승장구의 방식이 언제나 유효한 것은 아니다. 시대의 변화는 진행 중이며 외식업 역시 해가 갈수록 새로운 환경을 맞고 있다. 이런 환경은 오너의 변화를 요구한다. 세상에 인터넷이 출현될 줄 그 누가 생각이나 했겠으며 이로 인해 파생된 갖가지 비즈니스 모델로 돈을 벌어들이고 있는, 들어보지도 못한 신종 사업과 수혜 업종이 생기리란 것을 누군들 상상이나 했을까 말이다.

'언제나 묵묵히'라는 말은 굉장히 멋지게 느껴지지만 사실은 좀 구태의연한 냄새가 난다. 문제에 봉착했을 때, 해결의 실마리를 풀지 못한 채 그저 묵묵히 하던 대로만 지속한다면? 바로 이럴 때 그런 냄새를 맡게 되는 것이다. 제3자의 입장에서 보면 얼마든지 돌파구를 찾을 수 있는데도 한결같이 외길 인생만을 걷는다는 것은 정말 안타까운 일이 아닐 수 없다.

더 이상 잘나가던 시절을 회상하지 말자. 변화되는 현상을 읽고 옷을 갈아입자. 이것이 망해 가는 식당을 살리기 위해 당신이 기억해야 할 또 하나의 지침이다.

나만 보면 한숨을 쉬던 어떤 분의 얼굴이 떠오른다. 서울의 중심가에 위치한 그분의 가게는 한때 정말 잘나가던 레스토랑이었다. 수년 동안 대단한 매출 행진을 기록해 왔던 가게인데 어느 순간부터 하락세를 타기 시작했다. 그나마 다소 완만했던 하향 곡선이 어느 날 갑자기 내리막을 타더니 급기야는 직원도 줄이고, 폐점 시간도 빨라졌으며 심지어 휴일마저 쉬기 시작했다.

나는 그에게 무엇이 원인일 것 같으냐고 물었다. 대답은 '상권이 변해서'라는 답이 돌아왔다. 하지만 그곳의 상권은 그대로였다. 나는 창문을 열고, 유동 인구를 세다가 이내 그만두었다. 의미가 없기 때문이었다. 사람들이 너무 많이 다녀서 도저히 셀 수가 없을 지경이었다. 상권이 변해 유동 인구가 적어졌다는 것은 허깨비 같은 말이었다.

물론 맞는 면도 있기는 했다. 1분 거리 중심 상권에 너무나 많은 식당들이 생겨났다는 것. 하지만 그것은 이전에도 있던 일이었다. 번화가에 새로운 식당이 피고 지는 것은 하루 이틀 일이 아니다.

더 이상의 변명은 필요 없다. 자기 합리화를 멈추고 개선책을 찾아야 하며 실제로 상권이 다소 변한 분위기라면 그 변화되는 상황에 맞게 옷을 갈아입을 생각을 해야 한다. 과거 속의 금돼지를 떠올리며 한숨을 쉬고 있다면 당장 접어야 한다. 아무 의미가 없다.

요즘 부동산으로 집을 사고 되팔면서 돈을 벌 수 있는 시대가 아니라는 것은 다들 깨닫지 않았는가. 외식업도 마찬가지이다. 과거 회상형 오너이기를 포기할 수 없다면 대박 식당도 꿈꾸지 말고, 더 이상 이 책도 읽을 필요가 없다.

장사의 비결?
음식이 아닌
감성을 팔아라

사람들은 이제 단순히 끼니를 때우기 위해서만 식당을 찾지 않는다. 그 공간에서 또 다른 정서와 기쁨을 나누며 즐기고 싶어 한다. 비슷한 맛의 식당이라면 더 편안함을 느끼는 곳을 찾는다. 그러므로 오너는 이런 생각에 집중해야 한다. '나는 고객에게 무엇을 줄 수 있는가? 맛있는 음식 말고 또 무엇을?'

몇 발짝만 가도 한 집씩 자리 잡고 있는 커피숍 이야기를 해보자. 가장 기본적인 메뉴인 아메리카노와 모카, 카페라테, 에스프레소 등 커피 관련 메뉴군은 물론이고, 차와 주스, 에이드 같은 음료까지 매우 다양하게 구비되어 있다. 여기에 케이크와 빵, 샌드위치, 와플과 아이스크림 등 허기를 달랠 수 있는 사이드 메뉴까지 갖춰 놓고 고객을 불러 모은다.

이렇게 다양한 메뉴만큼 인테리어도 고급스러워졌으며 이것은 매장을 오픈하는 데 과거보다 훨씬 많은 비용을 들여야 한다는 것을 의미한다. 그러다 보니 커피 값이 원재료 대비 터무니없이 비싸다는 이유로 여론의 질타를 받기도 한다. 하지만 어떤 사업이든 투자 대비로 생각하지 않을 수 없고, 들인 비용만큼 거두기 위해서는 단가가 높아지는 것은 오너 입장에서는 당연한 이치다.

이런 상황을 만든 단초로는 세계적인 커피 체인 '스타벅스'를 꼽을 수 있다. 식사보다 비싼 커피라는 비난을 듣고 있지만, 사실 스타벅스야말로 오너의 철학이 탄생시킨 감성 마케팅의 대표적인 예라고 할 수 있다.

커피를 단순히 기호 식품이 아닌 문화로까지 업그레이드시키기 위해 프리미엄 원두와 멋진 인테리어를 더하면서 '개성'과 '감성'이라는 숨결을 공간에 부여한 것이다. 비싼 가격에도 불구하고 늘 북적이는 매장이 될 수밖에 없었던 이유가 여기에 있다. 고객들은 이 공간에서 커피뿐만 아니라, 전통 커피숍의 그것을 넘어서는 새로운 메뉴들을 접하게 되었고, 색다른 차원의 복합 문화를 소비하기 시작하게 된 것이다.

외식업을 더 이상 '먹는 장사'로만 받아들여서는 안 되는 이유도 바로 여기에서 찾을 수 있다. 식당이 단순히 눈에 보이는 요리만을 파는 것이 아니라, 그 안에서 감성을 소비하는 산업으로 변화되고 있다는 걸 알아야 하며 그렇다면 손바닥만 한 작은 가게라 할지라도 스타벅스와 같은 전략을 접목해 볼 필요가 있다.

그렇게 되면 얼마든지 승부를 걸어볼 만하다. 작지만 맛과 문화가 있는, 무언가 느낌이 남다른 가게. 그래서 가고 싶은 생각이 절로 드는 가게. 생각이 깨인 오너라면 이것을 찾아내기 위해 끊임없이 고민해야 할 것이다.

예를 하나 더 들어보자면 단순한 길거리 음식으로만 여겨지던 떡볶이와 튀김이 최근에는 마치 유행처럼 브랜드로 옷을 갈아입게 되었다. 단출한 분식점도 좋지만, 근처에 깔끔하고 세련된 분위기에서 판매하는 떡볶이 체인점이 있다면 다소 비싸더라도 후자를 선택하게 마련이다. 이런 돈 차이를 아깝게 여기지 않도록 만드는 게 바로 감성이며 브랜딩이다.

　따라서 같은 메뉴라 하더라도 무언가 다르고, 조금 더 나은 유·무형의 포인트를 추출해 내는 일. 그리고 이것을 기준으로 감성이라는 느낌까지 더해 줄 수 있다면, 그 식당을 찾아가는 것은 말로 표현하기 어려운 즐거운 감흥이 될 것이다.

영등포 5m²(약 1.5평) 어묵집,
단점을 장점으로
바꾸다

수년 전, 영등포 부근에 아주 작은 어묵집이 있었다. 주방을 제외하면 테이블이 있는 홀은 그저 5m²(약 1.5평) 정도? 어묵 꼬치를 제공하는 바를 중앙에 배치한 이 작은 식당에는 언제나 사람들이 옹기종기 들어차곤 했다.

'ㄷ'자 형태의 스탠드. 가운데에 올려진 어묵 바를 기준으로 사람들이 마주 보는 간격은 겨우 1미터가량. 옆 좌석은 거의 붙어 있다시피 했다. 출입문을 열고 들어와 좌석을 찾아 앉기조차 험난한데 행여 저 안쪽에 좌석이 있다면 모든 사람이 일어나야 할 상황이니 얼마나 작은 가게인지 짐작이 갈 것이다.

가방 같은 소지품은 그때그때 적당한 장소(맥주 박스나 천장 어디에 달린 옷걸이)를 찾아 알아서 놔두어야 하는 좁디좁은 식당이니 사실 몇 사람만 들어와도 만원일 수밖에 없는 형국이었다.

이곳의 주인은 나이가 지긋한 여성이었다. 손님이 술을 권하면 대부분 거절하지만, 한 번 더 권하면 거침없이 한 잔! 그러면서 언제나 '이렇게 좋은 곳이 세상에 어디 있느냐?'고 당당하게 말하던

분이었다.

언젠가 함께 술을 마시며 유쾌한 이야기꽃을 피운 적도 있었는데 알고 보니 이곳이 특별한 이유는 그 모든 '불편함' 때문이었다.

공간의 약점 때문에 가게는 언제나 만석. 손님이 들어차 있으니 밖에는 언제나 줄 서 있는 사람들로 북적북적! 결과적으로 이 작은 가게는 저절로 맛집으로 불리는 기이한 현상을 낳았다.

처음 가게 안으로 들어오면 말할 수 없이 불편하지만 취기가 오르면 모든 손님들이 술친구가 되어 버리는 참으로 묘한 느낌의 공간으로 변해 갔다. 또 여기에 사장님의 걸걸한 입담까지 더해지면 세상에 둘도 없는, 최고 감성의 어묵 식당이 탄생하는 것이다.

사실 그 집의 어묵 맛이 그렇게 뛰어난 것은 아니었다. 게다가 환경적 열악함까지 있었지만, 자의건 타의건 이 가게는 성공적으로 영업을 했다. 좀 더 넓은 곳으로 이사하는 게 어떻겠느냐고 넌지시 물었더니 '다른 데서 이런 분위기가 나오겠느냐?'는 대답이 돌아왔다. 장사를 오래 한 사장님이라 다른 장소에서는 이렇게 큰 부가가치를 올리지 못한다는 걸 누구보다 잘 알고 있었던 것이다.

언제나 모든 게 완벽할 수는 없다. 좋은 입지, 멋진 인테리어에 종업원의 친절이나 최고의 맛까지 지닌…. 이런 곳은 미슐랭 스타를 받은 일부 몇 곳을 빼고는 존재하기 어렵다(미슐랭 스타 평가단이 외관까지 염두에 두고 평가를 하는 것은 아니지만!). 설사 그런 곳이 있다 하더라도 그 타이틀을 이어가는 것은 더더욱 힘든 일이다.

자, 그렇다면 다시 생각해 보자. 식당이 고전을 면치 못하고 있을 때 급선무는 무엇일까? 단점부터 개선해야 할까? 당연히 단점은 고처야 하겠지만, 만일 그 단점이 식당 평가에 있어 치명적인 것이 아니라면 장점을 더욱 부각시키는 일에 관심을 집중해야 한다.

단점을 없애고 하나하나 완벽을 향해 나아가는 과정은 찬양받아 마땅하지만, 그렇게 모든 여건을 구비하고 관리한다는 것은 너무나 어려운 일이기 때문이다. 유명한 식당이나 레스토랑조차 모든 면에서 최고의 점수를 받는 경우는 거의 없다.

이럴 때는 이 어묵 식당처럼 단점보다 장점을 부각시키는 노력을 해야 한다. 누구나 가진 약점을 보완하려는 노력도 필요하겠지만, 우리 가게만의 특징과 내 요리만의 장점을 찾고 그것을 최대한 키워야 한다는 뜻이다.

지금은 사라졌지만, 사람들은 세월이 가도 불편함을 참아가며 문턱이 닳도록 드나들었던 그 작은 어묵집을 추억할 것이다. 여사장의 재미있는 모습이며 입담도 더해졌지만 무엇보다 이 사례처럼 당신이 잘할 수 있는 일이 무엇인지 먼저 파악하는 것이 중요하다.

내 가게는 무엇이 가장 큰 장점일까? 바로 이것을 고민해야 한다.

'장사치' 마인드로는
결코
성공할 수 없다

'장사치'라는 말을 곧잘 한다. 말 그대로 장사하는 사람을 낮게 보고 하는 말이다. 그런데 만일 누군가가 당신에게 이런 이야기를 한다면 정말 기분 나쁘지 않겠는가? 작은 가게를 일구고 있는 당신의 꿈은 소중하다. 나는 그 꿈을 존중하고, 그 꿈의 크기가 커지기를 바란다.

하지만 꿈을 크게 가질 때에는 그에 맞는 그릇을 만들어야 한다. 대개 큰 사업은 작은 곳에서 시작된 경우가 많다. 사업가가 될 것인가, 장사치로 남을 것인가! 바로 이런 마인드가 결정적인 역할을 한다.

외식업? 어떻게 보면 거창한 말 같지만, 한마디로 '장사'다. 식당이란 음식을 주고 돈을 받는 공간. 물론 어떤 이유로 장사를 시작했는지는 사람마다 다르고, 그 계획과 목적도 차이가 있을 것이다. 그럼에도 불구하고 누구나 다 '잘 될 것'이라는 기대감을 품고 시작한 것만은 분명할 터이다.

하지만 현실은 어떨까? 잘 될 것이라 믿었던 희망과 열정은 제대로 유지되고 있을까? 안타깝게도 식당을 하는 사람들 중에는 '사업'

에 대한 포부와 마인드보다는 장사의 결과, 즉 돈을 우선시하는 이들이 많다. 정말 그런 사람들이 많다. 식당이란 손님이 무장 해제를 하는 공간이다. 이성보다는 감성이 지배하고 본능의 촉만 남는 곳이다.

만일 오너가 돈, 돈, 돈 한다면 사람들은 무서울 만큼 그걸 눈치채 버린다. 음식 장사란 무언가 퍼준다는 느낌이 들어야 그곳을 다시 찾는데, 인색하고 아낀다는 기분을 손님이 알게 되면 그 가게는 결코 잘 될 리가 없다.

장사치라는 오명을 뒤집어쓰지 않으려면 눈앞의 이익보다는 멀리 보는 안목을 키울 필요가 있다. 보이지 않는 가치를 위해 고민하고 결단을 내릴 수 있어야 한다. 모든 것을 수치로 헤아리는 마인드로는 사업을 키울 수 없다. 물론 장사는 돈을 벌려고 하는 일이다. 하지만 하루하루 버는 것도 중요하지만 지금의 식당보다 더 큰 희망을 가지고 있다면, 또 오래도록 부를 일구고 싶다면, 보다 넓은 시야와 가슴을 가져야 한다.

하루 돈을 버는 것은 말 그대로 매상이다. 며칠 매상이 좋았다고 해서 성공할 수 있는 것은 아니다. 진짜 돈을 벌어들이는 데는 다 때가 있다. 그러므로 매일매일 버는 것에 일희일비하지 않기를 바란다. 준비하고, 사고하며, 사려 깊은 장사꾼이 되는 것. 이것이 바로 진짜 장사이며 사업이기 때문이다.

그릇이 작으면 절대로 큰물이 담기지 않는다. 떨어지는 매상 때문에 울상을 짓고 있다면 우선 깊은 날숨으로 마음속에 담긴 어두운 생각들을 뱉어내라. 잠시 가게를 잊고 내가 좋아하는 추억이나 나의 모습이 담긴 사진들을 다시 꺼내 보고 오래되어 잊혔던 꿈들을 떠올려 보는 것도 좋다.

가만히 오래전 과거의 시간을 거슬러 올라가 보자. 당신은 스스로 생각해도 꽤나 멋지고 낭만적인 사람이었을 것이다. 그런 멋진 자아가 지금은 무엇 때문에 노심초사하고 있을까? 지금 하는 고민은 나답지 않은 것이 아닐까? 내가 이렇게 작았던가? 이런 생각들을 하다 보면 지금의 내가 어딘가 잘못되어 가고 있다는 걸 알게 될 것이다. 처음 장사를 시작하던 그 순간 그때의 포부도 되짚어 보고, 어떤 가게로 키우고 싶었는지 그리고 또 그 이후에 대한 생각도 다시 한 번 정리해 보기를 바란다. 앞으로도 항상 시간이 날 때마다 찬찬히 그 마음을 되짚어 보자.

식당 리뉴얼의
5대
성공 대원칙

당신의 식당. 손님에게 새롭게 어필하고 그들에게 익숙해진 이미지를 바꾸는 일은 많은 노력이 필요하다. 상당수는 이런저런 시도를 해보았을 것이다. 때로는 의미 있고 좋은 일이 생겼을 수도 있지만, 대개는 그 수명이 짧았던 것을 경험해 보았을 것이다. 그럼 대체 어떻게 하는 것이 이 끝없는 굴레에서 벗어날 수 있는 방법일까?

식당을 변화시키는 데 짚어야 할 것은 꽤 많지만, 이 중에서 가장 중요한 포인트가 있다. 매장이 심각한 상황이라면 대대적인 리뉴얼을 해야 할 때가 왔다는 의미이므로 전면적인 쇄신이 필요하다.

이것은 기존의 이미지와 관념, 정책 노선을 새롭게 바꾸는 작업이다. 따라서 리뉴얼을 시행할 때에는 충분히 고민하고 가게에 맞는 방향으로 계획을 수립해야 한다.

리뉴얼을 위해 우선적으로 선행돼야 할 부분은 가게의 이미지를 결정하는 콘셉트를 분명하게 잡는 것이다. 그 다음은 메뉴를 정비하고, 시각 및 공간적인 분위기를 만들며 이것을 알리는 홍보 마케팅이다. 그리고 계획의 공유를 통한 직원의 사기 진작과 관리 시스템의 설정도 뒤따라야 한다.

들고 보면 그리 어렵지 않아 보이는데, 이것을 모르고 주변적인 것에만 맴돌거나 중요하지 않은 부분에 매달리는 경우가 비일비재하다. 또한 이 모든 게 손발이 안 맞거나 충족이 안 되면 그 결과는 예상 이하거나, 매상의 반등은 일시적으로 그칠 가능성이 높다.

사실, 이미 정체된 가게는 고객이 그곳을 다시 찾을 가능성은 희박하다고 보아야 한다. 따라서 가장 눈에 띄고 효과적으로 느끼는 부분을 잡아서 신속하게, 그리고 한꺼번에 변화시켜야 한다. 즉 우리는 무엇, 무엇이 바뀌었으니 오셔서 직접 확인해 보라는 주문을 해야 한다는 뜻이다. 그렇다면 이제 식당 리뉴얼의 포인트가 무엇인지 알아보자.

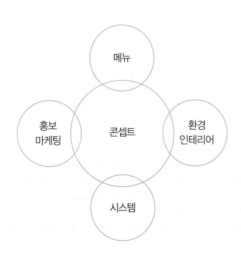

식당 리뉴얼 성공의 5대 원칙

첫 번째, 우리 식당만의 명확한 콘셉트를 새로 설정한다

이것은 다른 가게와의 차별 점을 뽑아내는 것으로 앞으로 내 가게가 번성하기 위한 영구적 지향점이 되어야 한다. 가장 자신 있게 맛을 낼 수 있는 요리를 가게의 아이콘으로 부상시키고, 부가 메뉴나 서비스를 더해 누군가가 이곳을 말할 때면 바로바로 떠올릴 수 있는 포인트를 만들어야 한다.

두 번째, 메뉴 보강 및 보완에 전력투구해야 한다

콘셉트 설정을 마쳤으면 이에 맞는 우리 가게만의 메뉴를 찾아야 한다. 기존 메뉴를 더욱 매력 있게 만들고, 혹은 새로운 메뉴를 개발한 후 식감은 물론 시각적인 부분에까지 변화를 주어야 한다. 이는 비슷한 요리일지라도 전에 비해 확실히 달라졌다는 인식을 갖게 할 필요가 있다는 것을 의미한다.

더불어 가게의 이미지와 맞지 않는 요리는 과감하게 삭제할 필요가 있다. 메뉴 개선에는 집중성이 무엇보다 중요하다. 연계가 안 되는 메뉴들, 뷔페 식당에 온 듯한 느낌을 주는 수많은 메뉴들이라면 미련을 두지 말고 메뉴판에서 지워야 한다. 그럼에도 불구하고 아쉬운 요리가 있다면 별도의 이벤트나 계절 메뉴 등으로 포지션을 바꿔야 한다.

세 번째, 눈에 보이는 환경을 개선해야 한다

쉽게 말해 작은 명함에서부터 간판, 메뉴판, 포스터, 유니폼과 가구, 조명, 인테리어까지 전반적인 시각 디자인(브랜딩)을 변화시켜야 한다. 콘셉트가 바뀌고 요리가 좋아졌다고 해도 우선적으로 무언가 달라진 듯한 새로운 분위기 속에서 식사를 하는 것은 매우 중요하기 때문이다.

덧붙여 가게의 로고(BI-Brand Identity)를 다듬거나 아예 새롭게 만드는 작업이 필요하다. 이렇게 전과 다르게 주위를 환기시킨다면 당신의 가게는 방문한 손님들의 머릿속에 마치 새로운 공간을 찾아온 것처럼 한층 더 강렬하게 인식될 것이다.

네 번째, 목표와 시스템을 공유해야 한다

목표를 발표하고 비전을 제시했다면 식당 구성원들과 공유할 필요가 있다. 직원들이 오너와 같은 마음으로 몰입할 수 있도록 독려해야 한다. 왜 이러한 계획이 만들어졌는지, 이를 시행해야 하는 이유를 알리고 변화에 대한 동기 부여를 마련한 후 매뉴얼 프로그램으로 직원들의 교육과 참여를 이끌어내는 것이 매우 중요하다. 특히 직원들의 사기 진작은 매장 분위기를 완벽하게 바꿀 수 있는 최후의 보루라는 점을 잊지 말아야 한다.

다섯 번째, 지속적으로 홍보 마케팅을 진행해야 한다

리뉴얼을 했다고는 하지만 정작 요리 서비스를 직접 체험할 손님들은 이 사실을 알 리가 없다. 따라서 우리는 무엇, 무엇을 바꾸었다는 것을 능동적으로 전달해야 하며, 고객이 인식할 수 있도록 적절한 홍보 채널을 통해 지속적으로 마케팅 활동을 펼쳐야 한다.

완전히 업그레이드된 메뉴, 새로운 요리의 출시를 표현하는 시각적이고도 강한 인상을 줄 수 있는 정보 전달은 마케팅 활동의 시발점이 된다.

　※ 의뢰인들과 상담을 하다 보면 이런 부분에 대해 개선을 해보았던 경험들도 있다. 그런데 자세히 들여다보면 뭔가 허술하고 동시에 집행된 것이 아니라, 띄엄띄엄 실행한 경우가 허다하다.
　여기서 인식해야 할 중요한 점 하나 더! 위의 5대 핵심 포인트는 간격을 두지 말고, 동시에 실행할 것! 그래야 식당의 확실한 변화를 고객들이 인식하게 된다.

우리에게 가장 큰 피해를 끼친 말은
"지금껏 늘 그렇게 해왔어."라는
말이다."

그레이스 호퍼

블로그 마케팅으로 환골탈태한 양식 레스토랑

한 프랜차이즈 양식 레스토랑의 이야기다. 개인, 독립 식당이나 가맹점이 아닌 중소 프랜차이즈 본사의 예다. 나름 연륜도 있고, 프랜차이즈 경영에 내공도 있는 업체였다. 하지만 문제는 더 많은 비슷한 메뉴군의 기업형 프랜차이즈가 생겼다는 것. 대형 매장의 중저가 요리를 앞세운 콘셉트와 마케팅에 많은 고객들을 빼앗겨버린 상황이었다.

우선 이 업체는 시식을 할수록 맛에 관해서는 상당한 수준이라는 것을 알 수 있었다. 문제는 대중 선호도의 변화였다. 그들은 좀 더 큰 매장이거나, 좀 더 저렴한 곳을 찾고 싶어 하는 것이다.

의뢰인의 고민을 들은 후 다각도로 생각한 끝에 그때그때의 이벤트나 가격을 낮춰 승부하는 것은 장기적으로 볼 때 오히려 더 큰 리스크를 안게 될 것으로 판단을 내렸다.

메뉴를 개발하고 맛을 내는 건 어려운 일이 아닌 곳이라 일단은 고루한 느낌의 BI(Brand Identity)를 전면 교체하고, 브랜드 컬러를 완전히 다르게 입혔다. 당연히 시각적인 모든 브랜딩 요소들인 간판, 명함, 메뉴판, 유니폼 등을 교체했으며 매장 입구의 인테리어도 브랜드 컬러에 맞춰서 리뉴얼했다.

이제는 메뉴를 들여다볼 차례. 현재 양식업계 역시 과포화라고 할 만큼 경쟁이 치열하다. 한 시대를 풍미했던 수많은 패밀리 레스토랑들도 사업을 정리하거나 매장을 줄이는 형편인지라 이 바닥이 얼마나 힘든 상황인지는 말하지 않아도 알 수 있다.

나는 새로운 메뉴 작업에 돌입했다. 우여곡절 끝에 신메뉴를 개발하고 가격대를 결정했다. 특히 이 새로운 메뉴는 기존에 있던 그것들과는 전혀 다른 맛과 비주얼을 보여주는 메뉴였다.

이후 브랜드 디자인을 바꾼 매장마다 또 다른 허점이 있는지 살피고, 신메뉴를 출시하며 회사의 새로운 리뉴얼을 알릴 시간이 되었다. 대중 매체를 이용한 광고 전략으로 나갈까도 생각했지만, 곳곳에 위치한 가맹점 자체가 기존의 광고판 역할을 하는 이점이 있으므로 그보다는 온라인 마케팅으로 진행했다.

처음에는 그곳 직원들의 입김으로 쿠팡이나 티몬과 같은 소셜 커머스를 이용했지만 그리 큰 반향이 없었다. 이것은 그 안에서만 이슈가 될 뿐 확대, 재생산되지 않는 단점이 있다. 나는 그런 식의 실험적인 홍보를 중단시키고 블로그를 통한 마케팅에 들어갔다.

새롭게 리뉴얼된 분위기, 무엇보다 신메뉴에 대한 재료와 철학, 창업자가 요리를 배울 때의 에피소드 같은 스토리텔링을 담아 전파하기 시작했다. 직원들은 물론 매장마다 접객 매뉴얼을 짜고, 수없이 리허설을 하면서 브랜드를 다시 인식시키는 작업을 했다.

한편 본사의 관리 외적인 부분이 생길 수 있는 가맹점에 만의 하나 등장할 수 있는 악플에 대비해 블로그 포스팅을 하나하나 모니터링하면서 차후 마케팅에 대한 대비와 리뉴얼 성공률을 높여나갔다. 마침내 블로거들의 진심이 담긴 글을 본 고객들이 줄을 이었다. 그간 오래된 느낌의 브랜드가 새로운 모습으로 주목되면서 완전히 탈바꿈을 하게 된 것이다. 신메뉴는 불티나게 팔리기 시작했고 점주들도 매출이 올라 기뻐했다.

작지만 나름대로는 프랜차이즈였기 때문에 그 규모만큼 시간과 노력이 들어가는 프로젝트였지만, 길었던 과정만큼 큰 보람으로 다가왔던 경험이었다.

"세상의 변화에
대처하는 방법은 복잡하지 않다.
오직 습관만 고치면 된다.
그리고 이것은
매우 세련된 처세술이다."

실행하라

: 대박 식당으로 거듭나게 하는 방법들

3

내 가게의 속살, '콘셉트'를 어떻게 잡을 것인가?

망해 가는 식당을 살리는 방법, 그 시작은 가게의 콘셉트를 새로 짜는 것이다. 이미 해 왔던 것을 버리고, 새로운 것을 만들 때 콘셉트는 거듭 말해도 지나침이 없을 만큼 중요하다. 콘셉트는 말 그대로 관념이다. 어떤 식당에 대해 사람들이 인지하는 관념. 한마디로 콘셉트는 다른 가게와 차별화된 식당의 속성을 정하고, 그것을 고객의 마음속에 들어가게 하는 요소다.

쉽게 예를 들어보겠다. 전문점이나 단 하나의 요리를 특화시켜 부메뉴가 거의 없는 식당을 만들겠다든가, 집 밥이나 건강 밥상 같은 이미지를 강조하겠다든가, 저렴한 가격을 부각시키겠다든가, 여성들이 좋아할 만한 메뉴를 선정하겠다든가… 이런 식의 구체화된 기획을 하는 것이 중요하다는 뜻이다.

이후 주변에 비슷한 점포가 생기거나 할 때는 또 어떤 식으로 다르게 보여야 할지를 연구한 후 이에 맞는 분위기를 만든다면, 안개처럼 뿌옇고 막연하던 느낌들이 사라지며 조금씩 명료한 식당의 모습이 보이기 시작할 것이다.

기업의 상품도 마찬가지지만 음식 장사에서도 이 콘셉트는 가장 최상위 꼭지점에 위치한다. 소비자가 내 식당을 떠올릴 때 '이 식당은 이런 요리를 팔고 있는 이런 느낌의 공간'이라는 분명한 인식이 없다면 곧바로 악센트가 있는 다른 식당으로 눈을 돌리게 될 것은 뻔한 일이기 때문이다.

다른 각도에서 보면 현재, 고전을 면치 못하는 식당들은 딱히 차별 점이 없는 '그만그만하다'라는 말이 된다. 비슷한 메뉴군들이 모여 있고, 이것을 소비자가 볼 때 차이점이 없다면 콘셉트가 명확하고 이미지가 좋은 곳으로 발걸음을 옮기는 것은 순간이며 그 확률 또한 압도적이다. 아마도 나의 이 말은 어느 곳을 가려 할 때, 무엇을 사려고 할 때, 당신이 어떻게 생각하고 행동하는지를 돌이켜보면 금방 이해가 될 것이다.

외식업을 하는 많은 오너들이 범하는 오류 중 하나가 맛있는 요리와 홍보만 잘 되면 어느 정도 식당의 성공을 자신한다는 점이다. 틀린 생각은 아니다. 하지만 이 세상에 영속적인 것은 없고, 완전한 독점도 존재하지 않는다. 잘 되는 식당이 있으면 그 식당을 롤 모델로 삼아 그보다 더 좋은 무엇을 만들어내는 후발 주자가 반드시 생겨나게 마련이다.

이렇게 시작한 후발 주자는 더욱더 새로운 무기를 내세워 고객들에게 어필하려고 노력한다. 여기에서 만일, 우위를 선점했던 가게보다 신생 가게가 더 좋다고 느끼게 되면 순식간에 상황은 반전되고 만다. 따라서 동일 선상의 식당 메뉴와 분위기를 계속해서 비교

분석하고, 그 식당들과 우리 식당의 차별화를 꾀하며 끊임없이 홍보 활동을 전개해야만 한다.

한 예로 같은 요리를 파는 대구 곱창 골목이나 신당동 떡볶이 타운을 생각해 보자. 이곳에는 실로 많은 가게들이 있지만, 파는 품목은 동일하다. 하지만 초행길이 아닌 이상, 그곳을 찾는 사람들은 저마다 가는 곳이 정해져 있는데 이것이 바로 콘셉트에 따른 차별화를 의미하는 것이다.

미세하게 다른 맛. 사람들이 그것의 우열을 가리면서 내 입맛에 정확히 일치하는지 치밀하게 검토하고, 최고의 맛을 찾아가는 것일까? 그렇지 않다. 물론 맛없는 식당으로 향하지는 않겠지만, 많은 사람들이 그 지역을 방문하면서 저마다 다른 식당을 찾는 것은 바로 그 식당만의 콘셉트에 이끌리는 것이라 할 수 있다. 바로 이것이 차별화 전략이다.

인간이 일정한 대상을 바라보고 생각하는 것은 언뜻 같아 보이지만 실은 다르다. 동일한 상품이라도 다른 가치를 심어준다면 소비자는 마치 그것이 전혀 다른 제품인 것처럼 인식하게 되는 것이다. 이런 사실을 깨닫고, 가장 잘할 수 있는 장점을 브랜드화한다면 당신의 가게는 대박 식당으로서의 자격을 충분히 갖추게 될 것이다.

기왕이면
제대로 바꿔보자,
메뉴 리뉴얼에 대하여

맛의 업그레이드와 비주얼의 변화

한식, 양식, 중식. 당신의 메뉴는 무엇인가. 메뉴의 변화를 느끼게 하려면 무엇보다 그 '맛'을 건드려줘야 한다. 식당 오너들과 미팅을 하거나 시식을 하다 보면 재미있는 공통점을 발견하게 된다.

자신의 식당 메뉴에 대해 나름 자부심을 갖고 있는 것이 보통이지만, 막상 먹어보면 생각만큼 맛이 따라오지 못하는 경우가 많다.

좀 더 자세히 이야기하면 장사가 안 되다 보니 점점 요리에 정성을 기울이지 않고, 맛의 수준이 떨어진다는 점이다. 또 다른 예는 고객의 입맛이나 취향을 고려하지 않은 채 그저 장사가 잘 되던 시절의 레시피를 그대로 고수하고 있는 가게도 많다는 것.

음식 장사에서 요리는 꾸준히 개발시켜야 한다. 언제나 정성을 들여 만들어 내야 한다는 걸 늘 염두에 두어야 한다. 육수를 더욱 깊이 우려내거나 소스를 개발해서 맛의 변화를 꾀해도 좋고, 고명을 더욱 많이 올린다든가, 내 집만의 특성화된 맛을 내는 재료를 부각시키는 것 등으로 변화를 줄 수도 있다.

만일 음식 맛이 그대로라면 설령 주방에서 많은 준비를 하고 만든 요리일지라도 고객들은 그것을 인식하지 못한다. 따라서 기존의 맛이 최상이었다고 해도 항상 요리 자체에 좀 더 집중하고 더욱더 꾸며줄 필요가 있다. 다른 식자재를 얹거나 하는 등 보이는 면에도 신경 써야 한다는 것이다.

물론 이것은 더하라는 이야기도 되지만 빼라는 의미도 있다. 불필요한 재료 혹은 없어도 되는 메뉴라면 과감히 빼버리는 용기도 필요하다. 한식의 경우 반찬의 구색 변화도 이에 해당된다. 반찬은 가짓수에 연연하면 안 된다. 손이 가는 반찬인가, 아닌가를 늘 염두에 둘 것. 정말 맛있는 밑반찬 한두 가지가 메인 요리보다 더 인기 있는 식당, 그래서 손님이 끊이지 않는 식당도 많다는 걸 잊지 말자.

신메뉴의 출시를 고려하라

기존에는 없던 신메뉴를 만드는 것도 좋다. 이 부분은 일반적인 식당도 포함되지만 특히 브런치 카페나 레스토랑 같은 양식 분야에서는 매우 중요한 포인트다.

신메뉴를 내놓는 것은 마케팅의 요소로도 작용하며 무엇보다 사람들에게 '이 식당, 확실히 달라졌데!' 하는 이미지를 심어줄 명분이 된다. 이 신메뉴는 기존의 메뉴들을 섞는 개념보다는 새롭게 만든 요리를 의미한다. 따라서 그만큼 사람들의 기대감도 커지게 할 수 있으며 성공한다면 단번에 가게를 기사회생시키는 효자 상품으로 등극할 수도 있다.

또한 신메뉴는 기존에 없던 이야기가 생기는 것이니만큼 가격을 정하는 데도 어느 정도 자유가 생긴다. 물론 신메뉴 가격은 현실적, 심리적으로 수긍이 가는 범주 안에 있어야 하며 고민도 거쳐야 한다. 또 다른 차원의 메뉴인 만큼 맛의 검증에 있어서도 좀 더 철저하게 시뮬레이션(미리 테스트) 단계를 거친 다음 출시해야 한다.

익숙한 가격 선을 유지한다

리뉴얼을 위해 좀 더 좋은 식자재가 더해지거나 양을 늘렸다고 가정할 경우, 곧이곧대로 가격까지 올리면 곤란하다. 다소 생소하고 특별한 요리가 아니라면 사람들이 인지하는 가격 저항선을 깨버리면 안 된다.

지금처럼 주머니 경제가 좋지 않은 상황에서 비싼 메뉴를 시장에 내놓는 건 일종의 자살 행위나 다름없다. 이런 경우 아무리 마케팅을 해도 고객들이 가게를 재방문할 확률은 희박해진다(물론 처음부터 아예 고급스러움을 콘셉트로, 특정 고객층을 위한 레스토랑으로 자리 잡은 경우라면 예외가 되겠지만. 하지만 그런 식당도 암묵적인 가격 룰이 존재한다).

어찌 됐든 식당이 리뉴얼을 하다 보면 투자비를 메뉴에 반영시켜 다시 거둬들이려는 심리가 작용한다. 미리 이야기하지만, 새로운 분위기의 식당을 만드는 데 들어가는 비용을 즉각적으로 다시 벌어들이겠다는 생각이라면 아예 시작조차 하지 않는 것이 좋다. 오히려 실패할 확률이 높아진다. 이는 대규모 자본이 투입된 몇몇 대기업 계열의 외식업체가 비용 회수를 염두에 두었다가 추풍낙엽처럼 문을 닫는 현실을 보면 이해가 될 것이다.

기존 메뉴의 맛을 보강하든, 신메뉴를 출시하든 가격은 현재 고객이 이해하는 정도의 선에서 정할 것. 이런 정도가 되어야 맛있는 음식에 적정한 대가를 지불했다는 느낌을 갖게 할 수 있을 것이다.

잘 구성된 세트 메뉴로 객단가를 높인다

메뉴를 섞어보라. 여기서 섞는다, 라는 의미는 바로 '세트 메뉴'를 이야기하는 것이다. 즉 두 개가 한 개의 가격 혹은 한 개 반 가격 정도가 되는 메뉴를 만들어보는 것이다. 세트라고 해서 가볍게 보거나 소홀히 하면 많은 고객을 놓치는 우를 범할 수 있으니 잘 생각해 볼 일이다.

가장 잘 팔리는 메인 메뉴를 위주로 2인 세트, 4인 세트 등을 만들면 좋다. 기본 식사는 물론 후식을 겸한 세트를 만들어도 좋고, 점심과 요일, 커플, 가족 세트를 만들어줄 수도 있다.

만약 고급 식당이 아닌, 밥집 느낌의 일반 식당에서 메인 메뉴와 후식을 묶어 단품 수준의 적당한 가격으로 세트 메뉴를 내놓는다면 고객들이 메뉴를 인지하는 데 긍정적인 효과를 가져올 것이다.

단, 여기서 세트 메뉴의 종류를 지나치게 늘리는 것은 피해야 한다. 어디까지나 핵심 메뉴가 기본이 되어야 하며 세트 메뉴는 늘릴수록 별도의 지출과 전문성이 결여된 인식 그리고 주방의 부하도 가져올 수 있다. 그러므로 메인 메뉴와 연계되는 몇 가지 세트 메뉴만 만드는 것이 좋다. 이것은 하나의 미끼가 됨과 동시에 전체 객단가를 올리는 역할을 하게 된다.

깊이 있는 메뉴보다 대중적인 메뉴가 좋다

대부분의 고객들은 요리의 깊이보다는 대중적인 맛에 익숙하고 선호하는 경향이 있다. 생소하거나 대단히 새로운 맛보다는 어느 정도 예상 가능하고, 알고 있는 요리에 친밀감을 갖는다는 의미다.

그러므로 세상에 없는, 우리 가게에만 있는 음식을 만들겠다는 식의 허황된 꿈은 버리는 것이 좋다. 예를 들어 세월이 흘러도 변함 없이 사랑받는 김치찌개와 된장찌개, 떡볶이와 어묵 등의 메뉴를 생각해 보자. 이런 메뉴를 판매하는 식당은 맛만 보장되면 크게 망할 일은 없는 편이다.

그렇다고 다른 식당에서 다들 팔고 있는 메뉴만 만들라는 뜻은 아니다. 한식을 예로 들어보자. 우리가 매일 먹다시피하는 한식의 종류는 어마어마하게 많다. 하지만 정작 사먹으려 할 때 갈만한 한식집은 의외로 많지 았다. 간단히 먹을 만한 메뉴를 찾지만 막상 발걸음을 하기에는 망설여지거나 혹은 멀리까지 가야하는 집들이 대부분이다.

그러므로 이렇듯 우리가 늘 먹는 한식 중에서도 우리가 놓치고 있거나 새롭게 개발할 메뉴는 얼마든지 있다. 백반을 진화시켜 좀 더 정갈하게 바꾸는 것도 한 방법이고, 분식집에서나 팔았던 김밥을 프리미엄 김밥이란 콘셉트로 새로운 파이를 만들고 있듯 그와 같은 메뉴들을 개발하고 맛을 조합하거나 적절하게 개량하면 좋다. 이렇게 익숙한 요리는 그만큼 호불호나 선택의 기로에서 망설일 일이 드물다. 색다른 것을 연구하는 일도 중요하지만 그것이 지나칠수록 오히려 사람들과는 멀어져갈 확률이 높다는 걸 인식하자. 소수에게 인정받는 것도 좋지만 그것이 마니아일 뿐 궁극의 목적은 더 많은 사람들에게 팔아야 한다. 기존의 대중적인 요리들을 가만히 생각해보자. 그리고 이것으로 성공한 다른 식당들을 다시 한번 살펴보자. 결국 사람들이 먹는 것은 거기서 거기란 걸 알게 될 것이고, 이 후 반드시 이 안에서 아이디어가 나오게 될 것이다.

그리고 메뉴를 구성할 때는 식당의 오너 입장이 아닌 철저히 손님의 정서와 눈높이에서 짜야 한다. 언젠가 어떤 조그만 브런치 카페에서 외국 어디 먼 곳에 나가서나 먹을 수 있는 아주 묘한 요리를 파는 걸 본 적이 있었다. 특색 있고 시선이 가지만 시기적으로 이르고 전혀 대중적이지 않은 요리를 메인 컨셉트로 밀고 있으니 손님이 찾아올 리 만무해 보였다. 나중의 결과도 예상과 다르지 않았다.

"생각해 보면 사람들은 결국
같은 음식을 먹는다.
그러나 그 안에서의 작은 차이 때문에
그곳을 찾아간다.
이제 당신은
이 한 개의 문제만 풀면 된다."

메뉴에 집중하며 경쟁 업소들을 정리한
중화요리 식당

신도시 오피스텔 상가의 중화요리집. 사거리 교차로 횡단보도에 많은 사람들이 오가는 대로변 상가 2층에 자리한 식당이다. 132m²(약 40평) 정도의 규모로 홀을 중심으로 룸도 마련된 나름 고급스러운 곳이었다.

보통 신도시는 부근의 대도시만큼이나 상권이 엄청나게 발달해 있다. 모든 생활과 교육, 행정, 여가가 한 공간에서 해결될 수 있는데 그 밀도는 오히려 대도시를 능가한다. 이곳도 주변에 많은 유사 업소들이 포진해 있으며 함께 경쟁을 하고 있었다.

중식당이라 하면 우리나라에서 사랑받은 세월만큼이나 사람들의 입맛도 거의 도사 수준이다. 특히 스테디셀러인 자장면이나 짬뽕의 맛은 어린아이라도 그 맛에 있어서만큼은 전문가 수준일 것이다.

이 가게는 건물 개장 초기에 입점을 해서 제법 역사도 있고 그런대로 영업을 해 왔지만, 상권이 점점 발달하고 주위에 다른 업소들이 한꺼번에 들어서면서 제대로 대응을 못한 탓에 피해(?)를 보고 있던 터였다.

중화요리 식당의 메인이라면 역시 자장면과 짬뽕이다. 이 식당의 음식 가격은 다른 가게보다 식사 기준 1천원에서 2천원가량 비쌌는데, 기대를 갖고 먹어본 자장면과 짬뽕 맛은 썩 좋지도, 그렇다고 나쁘지도 않았다. 뭔가 좀 허전하고 맛이 조금 떨어지지 않는가, 하는 생각도 들었지만 그렇다고 크게 불만을 표시하기도 애매했다.

더군다나 소수의 미식가를 제외한 대중들의 입맛 차원에서 보면 요리 자체에 크게 흠잡을 부분은 없는 셈이었다. 의뢰인의 이야기를 들어보니 신선하고 좋은 재료에다 정통적인 방법으로 만든다고 했다.

신선하고 건강한 재료라…. 그것을 고객들이 알아주지 않는다면 무슨 소용이 있겠는가. 나는 우선 기본이 되는 자장면과 짬뽕에 투자를 하자고 제의했다. 이 두 가지 메뉴를 특화한 뒤 나머지 메뉴를 알리는 전략을 짜기 시작했다.

우선은 자장면을 좀 더 깊은 맛이 나도록 개선한 후 짬뽕에 손을 댔다. 짬뽕 리뉴얼의 중심은 고명. 이곳의 짬뽕은 고명이 거의 없다 해도 과언이 아닐 정도로 빈약해 보이기까지 했다. 그저 오래전부터 우리가 먹던 짬뽕 그대로의 소박한 모습이었다.

맛내기는 어느 정도 담보가 되어 있으니 조금만 손을 보면 될 거라는 확신이 들었다. 하여 의뢰인과 함께 짬뽕을 위주로 한 몇 가지 메뉴에 손을 대기 시작했다. 기존의 짬뽕에 홍합이나 해산물 같은 고명을 풍성하게, 그것도 아주 넘치도록 올리기로 했는데 이것만으로도 확실한 변화가 느껴질 것이 분명했다.

이렇게 말하니 언뜻 이곳을 짬뽕 전문 식당으로 바꾸겠다는 것인가, 라는 생각이 들 수도 있겠다. 그렇지 않다. 엄연히 중화요리집 본연의 모습을 지키는 것은 기본. 더욱이 의뢰인은 자신의 요리가 퓨전화되는 것을 원치 않았으며 가능하면 중식 특유의 형태를 고수하고 싶어 했다.

나도 그것에 공감한 터라 중식당 특유의 분위기는 조금씩만 바꾸기로 하고, 오직 메뉴의 차별화로 변화를 꾀하는 방법을 택했다. 다소 고전적이긴 해도 식사 메뉴인 자장면과 짬뽕을 메인으로 정하고, 가격도 다소 낮추고 요리의 비주얼을 다듬은 후 탕수육 같은 요리들과 세트 메뉴를 만들도록 했다.

메뉴판은 물론 메뉴 보드와 중국 느낌이 물씬 나는 포스터 그리고 요리 사진 같은 것도 대대적으로 디스플레이하기 시작했다. 연세 지긋한 어르신들이나 좋아할 것 같은 올드한 중국풍의 이미지를 걷어낸 후, 중식당의 상징인 레드 컬러와 어울리는 캐주얼한 분위기의 밝은 브라운 컬러를 공간 곳곳에 배치해 젊은 감각도 덧입혔다. 젊은 층의 눈높이도 고려하겠다는 전략이었다.

일련의 작업을 마치고 변화된 실내 인테리어를 배경으로 짬뽕 사진을 촬영했다. 먹음직스럽게 장식된 고명, 모락모락 김이 나는 사진 속의 짬뽕은 보기만 해도 군침이 돌았다. 그 사진을 식당의 전면에 내세우는 현수막과 배너를 설치했다. 전단지는 조금 시간이 지난 후 진행했는데 워낙 기본 유동 인구가 많은 지역이라 굳이 전단지까지는 만들지 않아도 손님을 끌어 모을 수 있을 것 같아서였다.

이 식당을 알리는 메인 카피는 '정통 중식당에서 즐기는 짬뽕의 향연'으로 잡았다. 이후 다시 전단지를 돌리고, 블로거들도 초대하며 바이럴 마케팅을 실시하였는데, 특히 블로거들에게는 '제대로 된 중화요리를 합리적인 가격으로!'라는 문구를 요청하며 가게가 지향하는 느낌을 인식시켜 나가기 시작했다.

작전은 대성공. 늘어나는 짬뽕 단품 요리집의 얕은 맛에 싫증을 느낀 사람들이 대거 이동하기 시작했다. 같은 가격에 어느 정도 격식을 갖춘 인테리어 공간, 그리고 화사한 분위기 속에서 중식을 먹으니 이곳을 찾지 않을 이유가 없었다.

변화시킨 식사의 맛과 모양새. 이와 함께 세트 요리를 판매하며 다른 메뉴에도 눈길을 가게 만들었다. 서브 요리들까지 덩달아 호평을 받자 새로운 손님들은 물론, 한 번 찾은 고객은 반드시 다시 찾는 식당으로 자리매김하게 되었다. 매출은 급반전! 기대보다 훨씬 빠른 시간에 동네 맛집으로 일어서게 된, 내겐 아주 특별한 식당이 되었다.

음식 백화점 이미지를 벗고 부활한
햄버그스테이크 가게

이 식당은 초·중·고등학교와 아파트로 둘러싸여 있는 복합 상가 2층에 위치한 곳이었다. 주위에는 주로 소규모의 매장들, 빵집이나 편의점, 프랜차이즈 피자와 치킨, 김밥 가게 같은 것들이 들어서 있었다. 활기찬 거리는 아니지만 없는 게 없는 그런 변두리 상권이었다.

아무래도 주거와 교육 시설들이 있는 곳이니 나름의 유동성과 함께 고객 유치 가능성이 있는 공간인 셈이었다. 하지만 그런 이유가 바로 독이 된 케이스라고나 할까. 다양한 계층을 잡기 위해 욕심을 부리다가 오히려 상황이 더 어려워진 사례였다.

셀 수도 없이 많은 메뉴들이 늘어선 진열대. 이곳도 그런 모양새와 다를 바 없는 식당이었다. 피자와 파스타에서부터 돈가스, 심지어 중식 요리까지! 거의 음식 백화점 수준의 식당이었는데 퓨전을 지향하지만 어느 것 하나 특징이 없는 관계로 배가 산으로 가는 형국이었다.

저마다의 요리가 기본적인 맛을 유지한다고 해도 주축이 되는 콘셉트가 없는 게 문제였고, 메뉴가 많다 보니 요리마다 깨끗한 관리는 더더욱 어려울 수밖에 없었다. 메뉴가 이렇게 많은데 어떻게 하나하나 정성을 들일 수 있겠는가. 자연 고객에게 성의 없는 음식을 내놓는다는 느낌을 불러일으킬 수밖에 없었다.

또한 메뉴만큼이나 산만한 인테리어도 문제였다. 사실 식당의 컨설팅을 맡아 리뉴얼할 때 내가 지향하는 것은 최소의 경비로 최대의 느낌을 주는 것! 하지만 이 집의 상황은 좀 달랐다.

이 가게만큼은 목공사부터 다시 하는 게 오히려 나을 것 같아 일정 부분 인테리어 재시공을 했다. 공사를 마친 후 분위기를 결정짓는 브랜드 컬러를 정하고, 벽면에다 사람들이 편안하게 거리를 거니는 모습의 일러스트 그래픽을 얹었으며 메뉴판과 명함 등의 디자인을 더해 완전히 새롭고 신선한 감성을 발산시키도록 했다.

자, 이제는 메뉴다. 이 부분을 설득시키는 데 이 식당은 시간이 조금 오래 걸렸다. 의뢰인은 메뉴의 집중이라는 중요성을 이해하지 못한 채 기존의 많은 메뉴를 고수하고 싶어 했다. 일단 나는 잠시 손을 놓고, 오너가 스스로 깨우칠 수 있도록 시간을 주었다. 이해의 부분인지라 내 생각을 무조건적으로 강요하지 않았다. 결국 얼마 지나지 않아 오너는 다시 나를 찾아왔다.

다시 만난 자리에서 나는 꼭 팔고 싶은 메뉴를 선정하게 했다. 그리고 보관이나 조리가 복잡하고 까다로운 메뉴들은 걷어내고, 현재의 상황에서 가장 자신 있게 내놓을 수 있는 메뉴를 끄집어냈다. 그

중 하나가 바로 햄버그스테이크였다.

햄버그스테이크는 어릴 때부터 많이 먹고, 사람들 입맛에 익숙한 아이템이다. 다만 어떤 면에서 보면 일반 식당에서 취급하기에는 다소 손이 많이 가는 요리일 수도 있다. 하지만 시스템을 만들면 충분히 승산이 있을 것이라는 생각이 들었다. 햄버그스테이크를 파는 곳이 그리 많지 않은지라 맛만 좋으면 고객을 잡는 것은 시간문제였다.

메인을 햄버그스테이크로 잡고, 이것을 기초로 메뉴 확장이 가능한 만큼 기타 기존의 양식 중 몇 가지를 다듬으면서 부가적으로 객단가를 올릴 수 있는 서브 아이템으로 밀고 나갔다. 맛을 어느 정도 완성한 후, 마케팅은 주로 카페 커뮤니티와 페이스북을 통해 시작했다. 리뉴얼한 메뉴군이 여성이나 학생, 어린이들이 좋아하는 아이템인지라 온라인 카페는 주로 지역 내의 학부모 카페를 타깃으로 삼았다. 이와 더불어 소정의 비용을 지불하여 카페 전면에 걸려 있는 배너 광고에 이벤트 광고를 진행했다.

이벤트 내용은 여러 가지가 있지만 카페 회원에 한해 할인된 세트 메뉴와 1+1의 혜택을 주는 2가지 방법을 취했다. 또한 광고를 보고 매장을 찾은 카페 회원들에게는 부가 메뉴를 주문할 때 샐러드를 무료 제공하고, 페이스북이나 인스타그램 등 개인 계정을 가진 이들에게는 요리 사진을 올려주면 음료를 추가로 주는 이벤트도 함께 진행했다.

새로워진 가게와 변신한 메뉴는 자연스럽게 입소문이 나기 시작했다. 메뉴만 많은 음식 백화점 느낌의 가게로 고객들에게 외면을 당했던 시절은 순식간에 사라졌다. 맛과 재미가 있는, 특히 햄버그 스테이크가 맛있는 집! 고맙게도 이 가게는 마침 수제 버거의 유행이 막 시작되던 시기와 맞물려 본의 아닌 반사 이익까지 누리게 되었고, 덕분에 매출이 더욱 상승한 예라고 하겠다.

"변화는 존재하지만,
변화하는 것은 존재하지 않는다."

H. 베르그송

포장은
진실보다
훨씬 더 중요하다

식당을 운영할 때 빼놓을 수 없는 요소 중 하나가 바로 디자인이다. 산뜻한 간판과 출입구, 안내 메뉴 보드의 컬러와 레이아웃(배치형태). 잘 꾸며진 형태의 디자인은 그 자체만으로도 눈길을 끌게 마련이다.

따라서 아무리 요리가 괜찮다고 해도 식당에 대한 정보가 전혀 없는 사람들이 찾게 하는 디자인의 힘은 결코 무시할 수 없다. 외식업에서 왠지 겉으로 있어 보이는 부분은 진실보다 더 중요한 법이다. 우선 인테리어도 디자인이고 가게의 로고, 전단지, 현수막, 포스터, POP에 이르기까지 디자인은 간과할 수 없는 부분이다.

외식업 경영자라면 요리 못지않게 신경을 쓰는 것이 바로 이 디자인인데 솔직히 이 분야는 어느 정도 안목과 식견을 필요로 한다. 그러나 자신의 취향도 있는데 이를 전적으로 남에게 맡기자니 찜찜하기도 하고, 예산에서 가로막히는 일도 많다. 특히 자금이 많이 소요되는 공간을 꾸미는 인테리어 디자인이라면 더더욱 고민할 수밖에 없을 것이다.

먼저 디자인이란 계측되는 치수가 아니라 감각의 분야다. 당신이 디자이너만큼 할 수는 없겠지만, 리뉴얼을 위해 또 앞으로의 사업을 위해 꼭 필요한 사항이니만큼 기본적인 내용은 알아두는 게 좋다.

자, 그렇다면 디자인 계통 종사자가 아닌 비전문가의 입장에서는 어떻게 디자인을 바라보고 적용하는 게 좋을까?

비록 디자인 전문가는 아니라 할지라도 생업에 따른 중요 부분으로 나름의 철학을 가지고 인식하면서 사물을 바라본다면 필요한 사항들을 익히는 것도 그리 어려운 일은 아닐 것이다. 이제 내 가게를 잘 표현해 주는 디자인에 대해 알아보기로 하자.

사전적으로 보면 디자인(Design)은 [의장(意匠), 도안, 지시, 표현, 성취하다] 정도의 의미다. 이것을 너무 어렵게 생각할 필요 없이 한마디로 정의하자면 '인간의 시각 혹은 감각에 호소하는 표현 행위'라고 하면 정답이 되겠다. 여기에 더해 눈으로 보거나 사용해서 편하고 마음에 든다면 그것도 '디자인이 좋다!'라고 말할 수 있다.

그렇다면 흔히 말하는 '감각적인 디자인'이란 뭘까? 취향도 가지각색, 보는 눈도 다 다른데 어떻게 그 감각을 일일이 맞춰가며 작업할 수 있을까? 이쯤에서 한마디!

내가 봐서 좋고, 남이 봐도 좋으면 그게 바로 좋은 디자인이다. 열 사람 모두의 생각이 동일할 수는 없더라도 대다수가 좋다고 느끼면 좋은 디자인이라고 할 수 있다. 그런데 이 중에서 심심찮게 부딪히는 문제가 있는데 바로 '내가 보기에는 아닌 것 같은데 남들은 좋다고 하는' 디자인이다. 혹은 그 반대의 경우도 있을 수 있다. 이럴 때는 어떻게 해야 할까? 가장 좋은 방법은 다수의 의견을 따르는 것. 만일 스스로 디자인에 대한 감각이 별로 없는 편이라고 생각한다면 전문가를 믿는 것이 정답이다.

실제로 매장을 꾸밀 때, 의뢰인과 디자이너 사이의 의견이 달라 트러블이 생기는 경우가 많다. 물론 실력 없는 디자이너나 업체도 있을 수 있다. 하지만 충분히 고민해서 선택한 디자인 업체라면 어느 정도 양보할 자세를 갖추는 것이 좋다. '내 돈 내고 내 매장을 꾸미는데 왜 그래야 하지?'라고 생각할 수도 있겠지만, 사실 공간을 꾸미는 데 있어 전문가의 안목은 무시할 수 없기 때문이다.

그렇다면 이쯤에서 상업 공간 디자인 중에서 사람들의 발걸음을 불러들이는 결정적인 요소가 되는 파사드, 즉 매장 전면의 디자인에 대해 조금 더 배워보자. 간판에서부터 매장 입구까지, 이른바 내 가게의 얼굴이라고 할 수 있는 디자인인 만큼 관심을 가지고 읽어주기 바란다.

출입구는 식당의 얼굴이다

거리를 수놓고 있는 수많은 가게들. 각각의 매장들이 가진 개성 있는 상품들과 디스플레이가 어우러져 마치 거대한 박물관을 구경하는 것 같은 기분도 든다. 그런데 만일 비슷한 상품과 비슷한 서비스를 다루는 점포들이 줄줄이 늘어서 있는 데다 매장마다 차별 점이 전혀 없다고 가정한다면, 고객들은 과연 어떤 곳을 찾게 될까? 바로 가게 간판과 전면 인테리어를 보고 방문 여부를 판단하게 될 것이다.

우리는 정말 많은 식당들을 곁에 두고 있다. 따지고 보면 모두가 서로 다른 인테리어이고 디자인이지만 이것들이 군집을 이루게 되면 사람들은 전부 비슷한 디자인으로 해석하려는 심리가 있다.

그러므로 어떻게 해서든 내가 판매하려는 요리, 서비스라는 상품의 포인트를 뽑아내어 손님으로 하여금 그것들의 기대치를 최대한 높이 가지게 만들어야 한다. 누구든 그 가게에 대한 정보가 없는 상태라면 전면, 그러니까 파사드(Facade) 디자인을 보고 들어서게 될 확률이 높다.

사람의 첫인상이나 얼굴이 중요하듯, 식당 역시 다르지 않다. 그렇다면 이렇게 중요한 전면 디자인은 어떻게 만들어야 할까?

궁극적으로 팔고자 하는 것의 느낌을 드러내라

매장 전면의 디자인에서 우선적으로 고려해야 할 것은 그 가게가 무엇을 파는 곳이라는 확실한 안내가 되어 있어야 한다는 점이다. 이는 해당 점포가 추구하는 전체적인 이미지와 포인트 부분이 잘 어우러져야 한다는 것을 의미한다.

건강한 집 밥의 느낌을 보여주고 싶은지, 트렌디한 음식을 내는 곳인지, 전골집인지 나물 전문점인지, 유기농 재료를 사용하는 곳인지 아니면 저렴한 가격으로 승부를 내는 곳인지 등등 내 식당만이 가진 이미지를 확실하게 표현해야 한다. 이것은 간판의 로고나 글씨체, 조명, 색감 등 여러 가지 요소들을 통해 자연스럽게 우러나와야 한다.

당연히 최대한의 미적 감각이 동원되어야 하며 가게의 느낌을 알차게 함축한 디자인과 메뉴의 특징, 이벤트 등의 정보를 결합할 필요가 있다. 단, 너무 복잡하지 않게 단순 구조화시켜 한눈에 들어오도록 만들어야 한다는 숙제가 있다. 바로 이런 특징들을 함축적으로 표현하는 방법을 모색하거나 아니면 디자이너에게 의견을 잘 전달하여 최대한의 결과물을 낼 수 있도록 하는 것이 오너의 몫이다.

고객의 느낌과 주변 환경과의 조화를 고려하라

특별한 상황이 아니라면 식당 입구에는 위쪽과 옆면에 간판을 달고, 외부 벽면이나 창문에 메뉴와 이벤트 등의 정보를 담은 디스플레이를 하는 것이 보통이다. 기본적인 구성이지만 이런 기본에만 충실한 것이 좋을 수도 혹은 아닐 수도 있다.

여기서 아니라는 것은 너무도 피상적으로 정해진 공간에 순응하는 경우다. 예를 들어 여기에 문이 있으니 이렇게 해야 하고, 벽이 있으니 현수막을 달고, 창이 있으니 이렇게 해야 한다는 식의 고정관념에 맞춘 경우라고 하겠다.

물론 기본을 따르는 디자인 설정은 가장 안전하고 상식적이다. 간혹 무엇을 시도하려고 할 때 건물주의 간섭을 받을 수도 있고, 이미 입점한 부근 가게들과의 조화 등도 고려해야겠지만!

그럼에도 불구하고 생각해야 할 것은 입점한 주위 환경의 전체적인 느낌을 살핀 뒤 내 가게가 가장 잘 드러날 수 있는 색감이나 소재 등을 선택해 디자인 작업을 진행해야 한다는 것이다.

예를 들어 주변 가게들의 간판이 레드 컬러 위주로 되어 있다면 당신은 그것과 조화를 이루면서도 확실히 달라 보이는 컬러나 재질을 생각해야 한다. 뿐만 아니라 간판만 봐도 이 식당에서 내놓는 음식이 어떤 맛인지를 충분히 예상할 수 있게 해야 한다.

내 가게의 음식과는 상관없이 그저 간판만 멋있으면 된다고 생각하는 오류는 범하지 말 것! 찌개 식당이 이탤리언 레스토랑 같은 간판을 붙이고 있는 모습은 뭔가 어색하고 불편할 테니 말이다.

삼청동 주변이나 최근 핫 플레이스로 주가를 올리고 있는 경리단길 골목 구석구석에 있는 가게들을 보면 오래된 주택들을 개조해서 새롭게 재창조시킨 점포가 많다. 카페나 커피숍, 레스토랑이 들어서기에는 정말 안 어울리는 입지인데도 실제로 보면 이상하리만큼 잘 어울리는 모양새다(간혹 혼합된 느낌의 퓨전 디자인은 신선함을 보여주지만 그만큼 고도의 디자인 감각이 요구되는 만큼 이를 시행할 능력이 될 경우에만 시도해야 한다).

이처럼 주변 환경과 편안하게 어우러지면서도 내 가게의 장점이 부각되는 디자인이 무엇인지를 끊임없이 공부할 필요가 있다.

익숙하고 보편타당한 컬러와 재질을 선택하라

실제로 매장 전면 디자인에서 컬러는 매우 중요하다. 주 메뉴 및 로고와 더불어 그 가게의 상징과도 같은 의미를 지니기 때문이다. 하지만 내 식당에 대한 집착이 과도한 나머지 요리 이미지와 맞지 않는, 그러니까 무조건 튀는 컬러나 특이한 재질을 선택하는 경우엔 실패작이 될 확률이 높다(나는 횟집에서 메인 컬러를 보라색으로 적용한 불상사).

각 컬러는 저마다 고유의 감성을 내재하고 있으며 또한 인간은 이미 그런 것에 익숙해져 있다. 음식을 맛있게 보이려고 빨간색을 적용하는 이론은 이미 고전이 되어버렸다. 얕은 풍월로 이를 맹신하는 것도 문제지만, 반대로 마이웨이가 심해 전혀 엉뚱한 컬러를 선택한다면 차라리 익숙한 컬러나 이미지에 편승하는 쪽이 훨씬 안전하다.

만약 비슷한 빨강이라 차별화가 어려운 경우라면 사이즈나 조명, 광고 소재의 재질로 얼마든지 변화를 모색할 수 있다. 동선과 시선, 간판과 기둥들, 그리고 이 모든 것의 균형이 제대로 잡혀 있는지, 손님이 부담 없이 들어올 수 있는 모양새인지 등등을 고민해야 한다. 처음에는 어렵지만 이런 것들이 쌓이다 보면 어느새 당신의 가게는 꽤 훌륭한 분위기의 공간으로 변모되어 있을 것이다.

한편 내 가게만의 차별화된 감성을 전하기 위해 어울리지도 않는 오브제(조형 장식물)를 도입하는 경우도 있는데 이 역시 눈에 거슬리는 부분이다. 본디 인테리어란 기능과 디자인을 바탕으로 실행되어야 하고, 디자인이란 주위 환경과의 균형을 맞추는 일에서 시작되고 완성된다는 것을 명심하자.

고객들로 하여금 '이 가게 간판 모양은 왜 이래?' 하는 질책은 듣지 않도록 하는 것이 중요하다. '무난함 속에서 조금의 다름', 이런 것들을 잘 생각해 보면 답이 나올 것이다.

어설픈 디자인을 하느니 차라리 아무것도 하지 마라

예닐곱 평이나 될까 싶은 작은 카페가 있었다. 하얗게 칠한 외벽에 과자 상자 정도의 크기나 될까 싶은 하얀 간판이 걸려 있는, 그런 집이었다. 카페 안쪽도 마찬가지! 특별한 장식 없이 하얗게 페인 팅한 벽면에 바닥은 브라운 컬러의 타일로 마감되었다. 정말 깔끔한 느낌. 다르게 말해 심심한 느낌의 매장이었다. 그런데 그 카페에 30분쯤 앉아 있다 보니 오너가 무슨 생각으로 이렇게 심플한 이미지를 연출했는지 알 수 있었다.

그곳은 볕이 좋은 집이었다. 전면이 창으로 된 이 집에는 하루 종일 볕이 들었다. 따뜻한 볕이 매장 안을 비춰주고 있으니 인테리어 디자인 같은 것은 없어도 좋았다. 또 하나! 커피 맛이 기가 막혔다. 이토록 맛있는 커피를 덕지덕지 장식이 붙어 있는 공간에서 마셨다면? 생각하기도 싫은 일이었다.

이처럼 찾아온 고객들로 하여금 내 식당만의 장점을 스스로 찾아낼 수 있도록 이미지를 절제하는 노력도 반드시 필요하다. 편안한 공간에서 내 식당의 음식들을 최대한으로 음미할 수 있는 여유를 갖게 하는 것. 이런 노력도 중요하다는 뜻이다.

심플은 잘못 디자인되면 허전하고, 예쁜 것들은 한데 모이면 자칫 지저분해지기 쉽다. 오용된 벤치마킹, 인테리어 디자인 서적에서 골라낸 사례들을 아무 생각 없이 매장 곳곳에 적용하는 일 같은 것은 하지 말자. 채우기보다는 비우는 것, 이런 결단도 더욱 중요하니 말이다.

빈티지와 낡은 것은 다르다! 지속적으로 관리하라

프랑스 파리를 처음 찾았을 때, 조금 놀랐던 기억이 있다. 나도 모르게 멈칫거리게 하는 지저분한 거리, 슬럼가와 같은 지하철, 자꾸 인상을 쓰게 만드는 악취까지! 가장 압권이었던 것은 생각보다 맛이 형편없는 레스토랑들이었다. 물론 기대치를 웃도는 맛집도 있었지만 파리에 대해 내가 기대했던 이미지는 많이 무너졌었다.

외국에 나가 보면 오래도록 사랑받는 레스토랑이나 카페 같은 경우, 한눈에 봐도 그 역사와 세월이 느껴진다. 하지만 역사가 느껴진다는 의미가 단순히 '낡은 느낌'을 말하는 것은 아니다. 세월이 느껴지되 청결한 인상은 잃지 말아야 하니 말이다. 클래식이니, 빈티지니 하는 이미지를 내세우며 지저분하기 짝이 없게 관리하고 있는 식당을 보면 때로 화가 치밀어 오르기도 한다.

공간 디자인이 완성되었다면 그때부터는 그 공간을 지속적으로 관리하여 고객들로 하여금 청결한 인상을 갖게 하는 것이 중요하다. 실제로 그 집의 음식은 맛있지만, 식당에서 나는 냄새 때문에 가기가 싫어진다는 고객들을 종종 본다. 바로 이런 경우가 지속적인 관리에서 벗어난 케이스라고 할 수 있다.

청소하고 관리하는 건 말할 필요조차 없는 기본 사항이지만 이것조차 안 지키는 식당이 의외로 많다. 손님을 들이기에 부족함 없는 공간, 식사를 하기에 쾌적하고 깨끗한 공간. 이것 역시 오너인 당신이 최선을 다해 지켜나가야 할 점이라는 걸 잊지 말자.

BI & CI

대박 식당으로
가기 위한
심볼 로고를 만들자

삼성, LG, 롯데, 한화, 신세계, 대상, CJ, 샘표, 풀무원… 이 회사들은 전부 CI(회사 로고, Corporate Identity)를 변경한 회사들이다. 가만히 내버려둬도 이미 누구나 아는 회사들인데 굳이 큰돈을 써가면서까지 기업의 심볼 마크를 변경하는 이유가 뭘까.

게다가 간판이나 명함, 유니폼, 박스, 차량, 기타 수많은 집기부터 계열사와 유통사, 대리점들까지 전부 다 바꾸려면 천문학적인 돈이 들어가는데도 말이다.

맛좋은 요리가 있는데도 불구하고 시대의 변화를 읽지 못한 관계로 매출이 내리막을 걷던 식당이 있었다. 이런 곳은 감성을 부여하고 시각적인 변화를 꾀하는 것이 필요하다. 그래서 전체 콘셉트와 마케팅 전략을 수립한 후, 즉각적으로 BI(가게 로고, Brand Identity) 디자인 작업에 들어갔다.

온전히 BI 덕분에 매출이 올랐다고 하기에는 다소 무리가 있겠지만, 이미지 변신에는 확실히 큰 도움을 받을 수 있었다. 고객들의 머릿속에 각인될 만한 로고의 영향력이 적지 않았던 셈이다. 그 식당은 다시 예전과 같은 전성기를 맞이하였는데, BI가 가진 무시할 수 없는 역할을 다시 한 번 생각하게 하는 대목이다.

BI란 식당의 감성을 은유적으로 표현하는 도구인데, 그 식당의 콘셉트 및 나아가고자 하는 방향과 철저히 부합되어야 한다. 사람들은 보통 멋지고 보기 좋은 디자인만을 생각하기 쉬운데 이것은 결코 정답이 안 된다.

내가 상담을 할 때는 절대로 디자인을 먼저 이야기하지 않는다. 물론 오랫동안 디자인 업무를 진행하고 있고, 또 이런 이력 때문에 디자인을 강조할 것이라는 선입견을 가진 분들도 있지만 실제로는 그렇게 안내하지 않는다. 디자인은 마케팅 카테고리의 일부이며 방향이 되는 콘셉트가 먼저 정해지고, 마케팅 전략을 수립할 때 이 디자인도 생성되는 것이다. 따라서 식당과 메뉴에 잘 어우러지는 감성적 이미지에 맞춰서 만들어져야 하는 것이 BI다.

트렌디한 디자인도 나쁘지는 않다. 하지만 앞에서도 말했듯 무엇보다 그곳에서 팔고 있거나 팔고자 하는 메뉴의 성격과 잘 맞아야 한다. 판매하는 요리의 특성을 고려해 컬러는 무엇을 쓰고, 한글 로고를 만들 것인지, 알파벳 로고를 사용할 것인지, 캐릭터나 일러스트로 표현할 것인지 등등도 충분히 고민할 필요가 있다.

간판과 메뉴판, 포스터 그리고 냅킨에 은근하게 프린팅된 로고. 단순히 로고 하나만 바꿨을 뿐인데도 고객들은 그곳을 이전과 구분되는 새로운 느낌으로 받아들이게 된다. 이것이 인간의 심리이며 그만큼 인간은 시각적인 면에 빠르고 강하게 반응하는 동물이다.

또한 이렇게 바뀌거나 도입된 BI가 실내외의 시선과 동선 어느 곳에서든 노출될 때, 사람들은 당신의 가게에 대해 체계 있고 정돈된, 무언가가 잘 갖춰진 이미지를 갖게 된다. 그리고 이렇게 바뀐 식당에서 먹고 이야기를 나누는 행위 속에서, 심하게 말해 기존과 다를 것 없는 음식이 나온다고 해도 사람들은 한결 새로운 느낌으로 인식하게 될 것이다.

디자인이나 인테리어에서 꼭 필요한 부분은 바꿔야 하겠지만 이것에 부담을 갖거나 반대로 많은 걸 욕심낼 필요는 없다. 주위를 보라. 단지 쌍꺼풀 수술만 했을 뿐인데도 그 사람의 인상이 확 바뀌는 걸 봤지 않은가? 특히 디자인 리뉴얼에 있어 예산 문제에 부딪힐 때는 이 BI부터 시작하는 것도 아주 좋은 방법이다. BI를 통해 사람의 얼굴처럼 식당에도 개성 있는 느낌으로 과감하게 성형 수술을 해보자. 겉으로 티는 안 내도 힐긋 곁눈질을 하는 사람들이 늘어가고 또 그런 사람들이 손님이 될 가능성은 점점 높아질 것이다.

새로운 디자인으로 경쟁력을 만든 브런치 카페

수년 전 지방의 한 대학교 부근, 꽤 먼 길을 달려 당도한 곳. 학생들은 물론 거주민들이 혼합된 자그마한 상권이 형성되어 있었다. 아무래도 대로변은 대도시보다 훨씬 넓고, 다른 한쪽에는 미개발 중인 땅들이 벌판을 이루고 있었다. 또 한쪽에는 기존 거주민 주택에다 이제 막 원룸들이 들어서기 시작한, 조금은 썰렁하고도 전형적인 지방 풍경이었다.

83m²(약 25평)가량의 1층 공간으로 8개 정도의 단출한 테이블이 놓인 곳. 하지만 ㄱ자 창문이 나 있는 구조로 외부에서 볼 때는 그리 좁은 느낌이 아니었다. 평범한 인테리어지만 카페로서 어느 정도 모양새를 갖춘 분위기의 공간이었다. 주위에 비슷한 가게가 한 군데 정도 더 있었는데 상대적으로 작고 다소 허름한 인상이었고, 주변에 떡볶이와 와플, 피자, 치킨 등을 판매하는 식당들과 기타 매장들이 들어서 있었다.

브런치 카페답게 커피와 음료는 물론 샌드위치와 베이글, 간단한 케이크 등을 팔고 있었다. 학생과 주위의 젊은 세대들을 대상으로 야심차게 오픈을 했지만, 처음에만 반짝했을 뿐 예상보다 손님이 많지 않다고 했다. 임대료를 걱정할 정도는 아니지만 그렇다고 그대로 방치했다가는 머지않아 심각한 결과를 맞이하게 될 상황이었다.

　이런저런 고민을 털어놓던 오너는 처음에 예산을 줄이느라 대충 꾸민 인테리어 디자인의 문제가 아닐까, 라는 이야기를 했다. 아무래도 카페인 만큼 인테리어가 큰 부분을 차지하기는 하겠지만 인테리어가 잘못되어서 매출이 부진하다? 글쎄! 어쩐지 그런 문제는 아닌 것 같았다.

　찬찬히 살펴보니 이곳은 오너가 말한 디자인 문제가 아니었다. 그렇다고 맛이 특별히 문제가 되는 것도 아니었다. 지역과의 불균형, 한마디로 말해 수요에 대한 연구가 부족했다. 평소 유동 인구가 많기는 하지만 한계가 있었으며 굳이 외부에서 이곳을 찾아올 사람들은 거의 없었다.

　또한 대학가여서 방학이면 대도시에서 유학 온 학생들이 거의 집으로 돌아가고, 방학 때 다른 거주민들이 찾아오는 곳도 아니었다. 현지인들은 이런 상권보다는 좀 더 넓은 시내로 나가 대부분의 일상을 해결하는 터라 특별히 이렇게 작은 상권에서 여가를 즐길 이유가 없었다. 게다가 음식 가격도 문제였다. 서울에 근접하는 수준의 금액이었으니 말이다. 이곳에 명소를 만들겠노라는 포부는 높이 쳐줄 수 있겠지만, 시장이 제대로 형성되지 않은 곳에서 상당히 고급 재료를 사용한 메뉴들을 준비했으니 단가가 올라갈 수밖에 없었다. 빠듯한 용돈으로 생활하는 학생들이 이런 메뉴를 굳이 이곳에서 사먹을 이유가 없었다.

어떤 지역이든 그 지역만의 특징이 있는 법. 그럼에도 불구하고 의뢰인은 자꾸 서울의 예를 들었다. 물론 유명 프랜차이즈 카페라면 상황이 조금 달라졌을지도 모르겠지만, 당시로서는 너무 앞서간 것 같은 느낌이 들었다.

나는 그가 요구한 대로 디자인을 손봐주기로 했는데 그보다 더 중요한 건 카페 영업의 기초부터 다시 세우는 것임을 이해시켰다. 카페 앞쪽으로 산과 밭인데 여기에 고급을 지향하는 카페가 잘 어울리겠는가 하는 점과 아직은 주 고객층이 너무 약하다는 것도 설명해 주었다. 또한 일부의 손님만 받아서는 결코 오래 지속할 수 없다는 것까지도!

이해와 설득을 거쳐 가게의 디자인이며 메뉴 종류를 조정하고 다듬었다. 이후 고급을 지향하며 칠했던 회색 컬러의 공간 주조 색상도 고객층에 맞게 산뜻한 오렌지 컬러로 변화를 주었다. 창틀과 기둥, 메뉴 보드 등 곳곳에 밝은 오렌지 컬러가 새로 입혀졌다. 또 내부 벽면에는 가로 5미터 정도의 캐주얼한 느낌의 대형 그래픽을 넣었다.

이렇게 매장 한 면이 근사한 디자인으로 채워지면 그 공간은 역동적인 느낌을 갖고 활기차게 변한다. 포인트를 짚은 디자인으로 이곳은 완전히 다른 매장으로 변신했고, 고객이 느끼는 감성 만족도도 높아졌다. 실제 기존의 벽면에 손을 대는 공사를 조금은 불안해하던 의뢰인도 결과적으로 만족스러워했다. 큰돈을 들이지 않고도 그래픽만으로 트렌디하고 젊은 분위기를 낼 수 있게 된 것에 대해서 말이다.

다시 메뉴! 커피는 1천원씩 값을 내리고, 해피 데이에 찾는 손님이나 테이크아웃의 경우에는 50% 할인 정책을 폈다. 이 부분은 이윤보다는 손님을 끌기 위한 마케팅이었다. 또한 샌드위치와 빵 같은 식사 종류도 모두 1천원씩 값을 내리고, 건강한 식재료를 사용한다는 안내 문구와 함께 메뉴 사진을 넣은 그래픽 디자인을 외부 배너와 메뉴판에 프린트했다. 주 고객층이 학생들이라는 점을 감안하여 그들의 주머니 사정과 수준에 맞게 조정을 한 것이다.

또한 블로그를 개설, 이벤트 내용을 넣은 후 이를 보고 내방한 손님들에게는 커피와 빵을 서비스하는 바이럴 마케팅을 진행했다. 그 이후 손님은 두세 배 이상 늘었다. 객단가는 낮아졌지만 전체 매출 파이는 오히려 커져갔다. 여기에 정성을 들인 메뉴의 맛을 본 학생들과 부근의 지역 주민들까지, 입소문은 빠르게 전파되었으며 매출 역시 가파르게 성장하기 시작했다.

지역의 특징을 읽고 고객층의 분석과 메뉴 조정, 여기에 걸맞은 효과적인 디자인으로 분위기를 조성하며 다시 일어선 사례라고 할 수 있다.

맛이 보이는 사진과 광고의 힘!
김치찌개 전문 식당

변두리 주택가와 작은 사무실이 뒤섞인 지역. 대로변 뒤의 이면 도로를 따라 한참 들어오면 다가구 주택 주변에 띄엄띄엄 가게들이 혼재된 전형적인 주택가 골목길이었다.

점심시간이면 주변의 소규모 사무실에서 나온 사람들이 대로변 방향이나 다른 곳에서 식당을 찾는 지역이기도 했다. 이런 골목에 위치한 가게는 49m²(약 15평)가량의 작은 백반집이었다.

오너는 50대 중반의 평범한 이웃 아주머니 같은 분이었다. 전업 주부로만 살다가 남편의 사업이 힘들어져서 식당을 열었다는데 인건비 정도만 가져가려고 시작했음에도 불구하고, 다른 문제인지 아니면 위치 때문인지 그마저도 어렵다고 하소연을 했다. 더구나 주택가에 자리 잡은 이 식당 주변으로 배달 업소들이 성행 중이었다. 경쟁이 될 리 없었다.

사실 백반집은 특별한 맛집으로 홍보하기가 쉽지 않다. 게다가 이 식당 메뉴는 평범하기 짝이 없는 백반과 김치찌개, 청국장, 돼지불백 등이었다. 특별히 메인 요리라고 칭할 것도 없었다. 그래도 맛을 보니 음식 수준은 나쁘지 않았다. 몇 차례 분위기를 살피고, 맛을 보면서 고민한 후 나는 가게의 콘셉트를 사람들이 가장 선호하는 김치찌개 식당으로 정하자고 제안했다.

물론 이 김치찌개라는 것이 특별한 메뉴가 될 수는 없겠지만, 바꿔 말하면 한국인의 입맛에 가장 최적화된 메뉴라고 할 수 있다. 어떤 백반집에 들어가더라도 딱히 메뉴가 안 떠오르면 김치찌개나 된장찌개를 시키는 게 일반적이다. 그런 대중성을 살려 보기로 결정한 것이다.

김치찌개라면 돼지고기가 들어가기 마련. 나는 이 고기의 질과 양에 비중을 두었다. 콩나물, 김, 콩자반, 달걀말이, 김치, 오이소박이, 장아찌 등등 과하다 싶게 많은 반찬의 가짓수도 확 줄였다. 고기가 듬뿍 들어간 좀 더 걸쭉한 요리로서의 김치찌개, 그런 밑그림을 그려나간 셈이다. 여기에 쌈장과 신선한 채소가 곁들여지는 식단을 만들었다. 찌개 속의 고기를 쌈으로 싸먹을 수도 있을 만큼, 그야말로 인심 좋은 김치찌개를 만든 것이다.

또한 이런 메인 메뉴를 뒷받침하는 요리로 푸짐한 김치찜을 만들었고, 또 다른 메뉴로는 비빔밥을 넣었는데, 비빔밥을 주문하면 작은 뚝배기에 김치찌개를 함께 내는 전략을 세웠다. 당연히 나머지 한식 메뉴들은 과감하게 메뉴판에서 없애버렸다.

식당 내부에는 싱싱한 김치와 김치찌개가 클로즈업된 사진 포스터를 군데군데 걸어놓고, 외부 창문에는 멀리서도 알아볼 수 있도록 대형 실사 출력으로 음식 사진을 부착했다. 또한 현관 입구는 진한 레드 컬러로 아예 전면을 막아버렸다. 가게 분위기는 완전히 달라졌다. 더불어 고객의 시선이 미치는 주방 선반에는 의도적으로 찌개 냄비를 수북하게 쌓아놓아 전문점이라는 느낌을 심어주었다.

사실, 생각 같아서는 이참에 간판은 물론 가게 이름까지 바꾸고 싶었지만, 예산 문제도 있는 데다 콘셉트를 너무 과하게 바꾸는 것은 자칫 독이 될 수도 있겠다 싶어서 보류했다. 이렇게 선택과 집중을 통한 리뉴얼을 감행한 뒤 전단지를 이용해 골목 내외로 지역 마케팅을 진행했다. 식당의 규모와 메뉴의 특성상, 대대적인 마케팅보다는 주변 홍보 위주로 움직였다.

그전에 뿌렸던 전단지에 비하면 이것저것 잡다하게 많았던 요리 사진이 지워졌고 김치찌개와 김치찜, 오직 이 두 가지 사진을 삽입해 식당의 확고한 이미지를 만들었다. 여기에 심지어는 50% 할인이라는 과감한 이벤트를 실시하며 지역 주민들에게 식당을 알리기 시작했다.

이때 광고 전략에서 구구절절한 설명은 배제시켰다. 과감하게 사진과 카피 한 줄! '아무거나 먹어요!'라는 문장을 넣고, 이 문장에

금을 그은 뒤 '김치찌개 어때요?'라는 제안형의 카피를 던졌다. 물론 세련된 레이아웃과 글자체를 적용해 사람들에게 마치 프랜차이즈 식당과 같은 느낌을 주는 광고물로 제작했다.

결과는 적중했으며 김치찌개 전문점이란 콘셉트는 제대로 들어맞았다. 주위의 사무실 사람들은 물론, 대로변의 회사원들도 하나둘씩 몰려들기 시작했고, 이런 모습을 본 동네 주민들까지 덩달아 찾는 식당이 되었다. 사람들은 평범한 골목 안에 인심 좋은 김치찌개 식당이 생겼다는 것에 주목하기 시작했고, 덕분에 점심시간이면 길게 줄을 서서 기다리는 사람들을 볼 수 있게 되었다.

짧은 점심시간에는 최소 두 번 이상 테이블 회전이 이루어졌고, 특히 저녁에는 부근에 사는 사람들이 김치찜에 술 한 잔을 걸치는 진풍경이 펼쳐졌다. 동네 골목 어귀의 백반집을 오직 김치찌개로 승부수를 띄워 알린 이 식당은 지역 주민들 사이에서 매우 유명한 식당으로 거듭나게 되었다.

여기에는 오너의 요리 실력이 밑받침이 되었지만, 식당의 콘셉트와 디자인, 광고 등 모든 요소들이 제대로 맞아떨어진 케이스라고 할 수 있다. 최소한의 투자와 전략으로 얼마든지 소기의 목적, 그 이상도 이뤄낼 수 있다는 교훈을 준 사례였다.

"광고에는 정답이 없다.
하지만 정답에는
언제나 기본이 있다."

내 식당을
알릴 수 있는
맞춤 광고를 연구하라

어떤 광고가 좋은 광고일까?

당신이 생각하는 좋은 광고란 무엇인가?

1. 많은 사람들에게 인식되고 널리 알려지는 광고

2. 좋은 이미지를 남기는 광고

3. 아이디어와 디자인이 감각적인 광고

4. 비용 대비 최대 효과를 누리는 광고

위의 내용들은 매우 훌륭한 광고의 예라고 할 수 있다. 그런데 이
것은 광고의 전반적인 개념에서 풀이한 것이고, 이 책은 외식업을
다루고 있으므로 '식당을 위한, 식당에 특화된 좋은 광고'에 대해 알
아볼 필요가 있겠다. 그렇다면 과연 식당에 좋은 광고란 어떤 것이
있을까?

1. 주 고객층의 시선을 확실히 끌어당길 수 있는 광고

너무나 당연한 광고의 첫 번째 목적이다. 광고(廣告)의 의미는 말 그대로 '넓게 알린다'라는 뜻이지만, 그렇다고 해서 무작정 허공에 노출을 시킬 수는 없는 노릇이다. 원하는 대상에게 명확히 인지시키는 것, 이것이 중요하다.

치맥집을 개업했는데 초등학교 앞에서 전단지를 나눠주며 광고한다는 것은 이치에 맞지 않는다. 내가 팔고자 하는 메뉴에 부합되는 대상, 내 가게로 와주었으면 하는 고객이나 계층을 상대로 확실하게 유혹할 수 있는 무기를 던지는 힘! 이것이 바로 광고다.

특히 식당 광고라면 유혹을 넘어서서 군침을 흘릴 수 있게 만들어야 한다.

2. 광고 속 음식을 먹기 위해 즉시 찾아올 만큼 반응이 빠른 광고

예비 고객을 대상으로 했다면 식당 광고를 처음 접했을 때 머릿속에서 무언가 반짝 반응이 와야 한다. 핵심이 없는 건조한 광고는 메시지 전달에 실패했다고 볼 수 있다. 이런 식당이 생겼구나, 라는 정도로 인식하게 하는 광고는 효과가 없다. 광고를 보았을 때, 그 즉시 찾아가 보고 싶게 만들어야만 한다.

뭔가 있을 것 같다, 왠지 맛있을 것 같다, 지금 당장은 아니어도 조만간 꼭 가보고 싶다는 욕구를 불러일으킬 만한 어떤 것! 그것이 음식 사진이든, 감각적인 카피든, 아니면 이벤트든 상관없다.

찾아오면 반드시 기쁨을 누릴 수 있다는 논리와 확신, 이것을 담아내어 고객을 끌어들이는 것이 방법이다. 설사 그것이 조금은 과장된 면이 있더라도 말이다.

3. 지속적인 이벤트로 나만의 식당 스토리를 만드는 광고

짧은 단타성 광고를 진행하며 지속적으로 식당을 알리는 것. 사람들은 끊임없이 당신의 광고를 접하며 자신도 모르게 인지를 하게 된다. 바로 이것이 식당 광고의 효과라고도 볼 수 있다.

식당을 찾는 고객들은 지나가다 우연히 방문을 하는 경우도 있겠지만, 문 앞에 세워진 배너 광고의 이벤트나 전단지 쿠폰을 받고 들어오는 사람도 있을 것이다. 시기에 맞는 계절 이벤트, 신메뉴와 세트 메뉴 등의 다양한 마케팅을 실시하는 일은 매출 향상의 목적도 있지만, 무엇보다 그 식당이 살아 움직이며 끊임없이 소비자와 접촉하고 있다는 동적인 느낌을 전달하는 데 그 의미가 있다.

소규모 자영업자의 광고에는 이슈가 있어야 한다. 가게의 메뉴를 나열하는 식의 광고로는 역부족이며, 사람들의 마음을 사로잡기란 더더욱 어렵다. 배달 책자처럼 기존 메뉴를 그대로 보여주는 것과는 다르게, 광고라는 것은 사람들이 반응할 만한 '꺼리'를 만들어야 한다. 그리고 이런 이슈에는 반드시 전략이 밑받침되어야 한다.

식당 광고를 보면 보통 이벤트를 많이 넣는데 여기에도 다양한 이야기가 있을 수 있겠다. 가령 가게 이름이 '오리진 카페'라고 할 때, '오리진 데이'라고 날을 잡아 할인을 할 수도 있고, 신메뉴 론칭 시에 100세트 한정이라는 과감한 무료 행사나 커플 할인, 세트 할인 등도 기획할 수 있겠다.

이처럼 이벤트는 기존의 고객들과 다음에 찾아올 예비 고객들까지 염두에 두고 다양한 스토리를 연구해야 한다. 음식을 알리겠다는 생각으로 메뉴만 나열할 것이 아니라 이야깃거리를 담아보자. 생각해 보면 상당히 많을 것이다. 그리고 그 이야기에는 맛과 분위기, 주인의 인심, 기분 좋은 재미가 함께 공존해야 한다. 광고 안에 담긴 이런 이벤트 속에서 식당은 사람들에게 자꾸 되뇌어지며 그들의 마음속에 깊숙이 자리 잡게 될 것이다.

식당 홍보를 위한 전단지 · 현수막 · 배너

가장 보편적인 광고 수단인 전단지와 현수막 이야기를 해보겠다. 온라인 마케팅에 비해 조금은 구시대적이라고 생각할 수 있겠다. 하지만 이것들은 여전히 가장 편하게 접하고 다가갈 수 있는 매체다.

오래된 시간만큼이나 우리에게 익숙한지라 바꿔 말하면 '식상하다'라는 단점을 가지고 있긴 해도 여전히 '직접 광고'로서의 역할을 가장 잘 수행하고 있는 광고가 전단지나 현수막인 것이다.

비록 거리에서 나눠주면 잘 받으려 하지도 않고, 받았다 해도 그 자리에서 다시 버리기도 쉬운 문제점을 갖고 있기는 해도 전단지가 가진 고객 접근의 효용성만큼은 어떤 매체보다도 뛰어나다는 장점을 가진 터! 즉, 얼마만큼 창의성을 발휘하느냐, 어떤 식으로 디자인하고 어떤 방법으로 뿌리느냐에 따라 엄청나게 다른 결과를 얻을 수 있다. 그렇다면 어떻게 해야 전단지나 배너, 포스터와 현수막 광고를 더욱 잘 할 수 있는가에 대하여 이야기를 해보겠다.

1. 메뉴판이 아니다! 너무 많은 것을 담으려고 하지 말 것

전단지는 안에 담기는 내용, 즉 콘텐츠가 가장 중요하다. 배너나 현수막의 경우도 마찬가지다. 내 가게에 대한 콘텐츠를 효과적으로 담아야 하는데 대부분 전단지에 너무 많은 내용을 담는 오류를 범하고 있다.

내 가게에서 가장 힘주어 밀고 있는 메인 메뉴를 넣는 것이 핵심이다. 마트 광고처럼 부득이하게 많은 품목을 넣어야 하는 경우도 있지만, 식당은 메인 요리를 부각시키는 것이 가장 중요하다. 이 메뉴를 먹음직스럽게 나타내도록 디자인 포인트를 잡고, 나머지 부분에 서브 메뉴나 세트 메뉴 같은 것들을 올리는 것이 방법이다.

또 하나, 때로는 좀 더 파격적으로 요리 자체를 아예 부각시키지 않는 방법도 있다. 전단지의 목적은 어떻게든 고객이 내 가게로 찾아오게 만드는 것이다. 마음을 움직이는 카피이거나, 이벤트를 강조하는 식으로 궁금증과 호기심을 갖게 만들 수 있다면 굳이 요리 사진을 넣지 않아도 얼마든지 훌륭한 전단지가 될 수 있다.

다시 말해, 너무 많은 것을 담으려 하기보다는 간단명료하게 시선을 끌 수 있는 방법을 찾는 것이 포인트다.

2. 만만한 가격대로 어필하라! 숫자를 강조한 디자인을 찾을 것

사람들은 숫자에 주목하고 민감하게 반응한다. 1+1이나 30% 할인 같은 숫자를 잘 보이게 디자인할 필요가 있다는 뜻이다. 여기에 현실적인 가격대의 음식을 강조하는 것이 좋다. 광고를 할 때는 고가 메뉴가 아닌, 누구에게나 익숙한 메뉴의 가격을 바탕으로 할인이나 각종 이벤트를 넣어야 한다.

비싼 메뉴로 매출을 올리고 싶더라도 잠시만 참고, 가장 만만한 메뉴들부터 미끼 상품을 던지며 사람들의 관심을 끌어야 한다(아니면 비싼 식재료가 들어간 메뉴를 아예 파격 할인하는 것도 좋다. 손해일지라도 광고비로 해석하면 그만이다). 가장 값이 저렴한 상품으로 사람들을 불러들이는 마트 광고의 전략과 같은 맥락이다.

이렇게 그물을 던진 뒤 가게에 온 손님들에게 매장 안에 있는 POP 등과 같은 기타 광고물로 자연스럽게 다른 메뉴에 관심이 확장되도록 유도한다.

3. 사진에 힘을 줘라! 직접 찍은 내 식당의 음식 사진을 실을 것

전단지에는 사진도 중요하다. 보통 식당에서는 저작권료 없이 사용할 수 있는 이미지 사진들을 쓰는 경우가 많은데 이것은 옳지 않다. 뻔한 전단지가 되기 십상인 데다 또 하나 중요한 건 식당의 신뢰를 떨어뜨리기 때문이다. 특히 리뉴얼을 통해 재기하려고 하는 입장에서는 독이 될 뿐이다. 따라서 내 식당에서 파는 요리를 가장 맛있어 보이도록 촬영하고 그 사진을 사용하는 것이 좋다.

가장 좋은 방법은 전문 사진작가를 기용하는 것. 하지만 자금에 여유가 없다면 DSLR 카메라로 직접 촬영을 하는 것도 방법이다. 조명을 사용할 수 있는 상태가 아니라면 요리 사진은 볕이 잘 드는 낮 시간을 활용할 것. 너무 복잡한 세팅보다는 깔끔하게 정돈된 상태가 요리 자체를 더 빛나 보이게 한다는 것도 잊지 말자.

전문가가 아닌데 멋지게 찍고 싶다는 생각으로 갖은 소품들을 늘어놓고 촬영한 음식 사진은 오히려 어설프게 보일 수 있다. 그리고 하나 더! 요리 사진은 포스터나 현수막에도 활용할 수 있으므로 카메라가 가진 최고 화소로 촬영하기를 권한다. 또한 되도록 핸드폰 촬영은 피하고 만일 촬영에 자신이 없다면 주위에 사진을 잘 찍는 지인에게 요청을 해본다. 꼭 프로 사진사의 실력이 아니라도 괜찮은 느낌만 주면 된다. 이렇게 찍은 사진을 인쇄소나 디자인을 하는 사람에게 가져가면 된다.

사진을 찍어 전단지나 현수막, 거치 배너 등에 담는 것은 중요하다. 특히 앞으로 식당의 매출을 좌지우지할 신메뉴를 만들고, 야심 차게 도약해 보려는 경우라면 더욱 그렇다. 매장 인테리어가 대대적으로 바뀌지 않는 한, 사람들은 식당의 변화를 외부에서는 알 수 없다. 그러므로 식당의 핵심인 요리를 드라마틱하게 촬영하여 알리는 일은 리뉴얼에 있어 효과적인 키(key) 역할을 한다.

4. 크게, 시원하게! 현수막은 전단지와 다르다는 것을 인지할 것

현수막이나 거치 배너 등은 내 식당 앞을 지나는 사람들을 불러 모으는 광고 수단이다. 전단지와 크게 다를 것은 없지만 차이를 알아야 하는 부분도 있다. 그것은 바로 보는 사람들의 시점이다. 전단지는 손에 쥐여주고 들여다보게 하는 것이 목적이지만, 현수막이나 배너 광고는 전단지처럼 가까이서 보는 것이 아니기 때문이다.

여기에서 또 한 번! 핵심 문구의 중요성을 말할 참이다. 멀리서도 잘 보이도록, 말하고자 하는 바가 한눈에 드러나도록, 심플하고도 시각적으로 잘 표현되도록 디자인을 할 필요가 있다.

따라서 신메뉴 출시 내용이나 할인 이벤트 같은 문구는 큼직하게 넣고, 부수적인 내용이나 더 하고 싶은 이야기가 있을 때는 가능하면 현관문 같은 곳에 별도의 안내 포스터를 붙이는 등의 방법으로 2차 유도를 하는 것이 좋다.

백배 매출을 올리는 전단지 제작 방법

전단지는 마치 TV CF와 같다. 시선을 놓치지 않게 하는 아이디어가 30초 광고의 당락을 결정짓듯, 전단지도 내용을 어떻게 담아내느냐에 따라 가독률이 결정된다. 물론 그 결과도 판이하게 달라진다. 식당에 맞는 좋은 광고를 바탕으로 백배 매출 상승 전략이 깃든 전단지 제작의 비밀을 소개한다.

1. 전하고자 하는 목적(메시지)부터 확실하게 정한다.
2. 전하고자 하는 메시지가 고객에게 명확하게 읽혀지도록 연구한다.
3. 숫자는 잘 보이게! 고객이 어떤 이득을 얻을 수 있는지도 잘 보이도록 배치한다.
4. 먹음직스럽게 연출된 사진을 활용한다.
5. 여백을 충분히 주며 되도록 쉬운 문장과 서체로 잘 읽혀지도록 한다.
6. 요리, 서비스, 이벤트 같은 장점을 간단명료하게 기술한다.
7. 이 모든 것이 잘 어울리게 배치되었는지 손님 입장에서 전체적인 디자인 균형을 다시 한 번 검토한다.

거리에서 혹은 신문의 삽지로 전단지를 받아볼 때 사람들은 습관처럼 반응한다. '아 이건 또 뭐지? 그렇고 그런 전단지 중 하나겠지!' 바로 이런 인식이다.

이런 심리를 밀어내고 내가 말하고 싶은 내용을 온전하게 전달하려면 반드시 위와 같은 내용들이 충족되어야 한다. 불필요한 내용은 배제하고, 하고 싶은 이야기와 고객이 가져가는 혜택 이 두 가지를 두드러지게 표현해야 한다. 사진과 마음을 움직이게 하는 카피(문장)로 메시지가 순간적으로 건네지는가도 살펴야 한다.

종이를 꽉 채운 커다란 이미지, 눈에 띄고자 하는 열망이 엿보이는 알록달록한 컬러, 구구절절 편지 같은 사연들… 이런 전단지는 쓰레기가 되기 쉽다(바로 이런 행위들이 답습되면 내 가게는 전단지를 아무리 뿌려도 성과가 없다는 말이 나오게 된다).

그리고 좋은 전단지 구성에 대해 공부하고 싶다면 대기업 외식 프랜차이즈 업체에서 뿌리는 광고물을 수집해 분석할 것을 추천한다. 아무리 문외한이라 할지라도 그런 광고물들을 보고 있으면 한눈에 들어오는 메시지와 편집, 사진과 글의 배치, 여백 등 짜임새 있는 구성이 느껴질 것이다. 대기업의 기획이 반드시 좋고 중소 자영업자의 광고에 맞는 건 아니지만 그래도 오랫동안 광고를 한 시간과 감각, 소비자 심리를 다루는 마케팅 경험이 담겨 있는 만큼 특히 디자인에 문외한 오너에게는 쉽게 공부를 할 수 있는 좋은 교재가 된다.

이제부터는 집 앞에 쌓이는 전단지를 버리지 말고 매일매일 살펴보자. 이 광고지는 무엇을 말하고 있는지 또 내 전단지와 무엇이 다른지를 찾아내는 연습을 해야 한다. 이 과정을 3개월 동안 반복하면 당신은 정말로 많은 걸 알게 될 것이다. 전단지를 어떻게 만들고 구성하는 것이 좋은지, 사람들이 어떤 부분에 반응하고 내 가게로 이끌려오는지에 대한 이미지가 머릿속에 그려질 것이다.

현실적으로 전단지 광고라는 건 많이 버려지는 특성이 있다. 하지만 고객이 전단지를 받아보는 그 순간을 떠올리고 즉각적으로 이해와 반응이 되는 광고를 만들기 위해 위의 방법론을 잘 따라한다면 기존에 뿌렸던 것들에 비해 훨씬 나은 성과를 올릴 수 있을 것이다.

전단지로 가게를 살린 김밥 테이크아웃 전문점

49m²(약 15평) 내외, 주택가에 위치한 크지도 작지도 않은 규모의 김밥 가게. 주위에는 학원, 초등학교와 중학교, 각종 생활용품 가게, 주택들이 혼재해 있었다.

테이블 4개에 배달은 없고, 간단하게 먹거나 포장 손님을 대상으로 영업을 하는 소규모 식당. 공간이 협소하지만 나름 깔끔하게 인테리어를 해놓고 장사를 시작했던 곳이다.

맛은 크게 흠잡을 데가 없었다(김밥이 맛없다는 건 식재료가 안 좋거나 정말 솜씨가 없다는 뜻이다). 아쉬운 것은 매장이 건물 도로 안쪽에 있어 지나다니는 사람들의 눈에 띄기 어렵다는 점이었다. 게다가 도로 쪽 건물 전면에 간판을 부착할 곳도 여의치 않은, 여러모로 애매한 입지였다.

의뢰인은 상권이 변변치 않은 주택가지만 김밥은 누구나 먹는 음식이고, 소문만 나면 어느 정도 매출은 나오겠거니 하는 마음으로 시작했다고 말했다. 크게 돈을 벌고 싶다는 생각보다는 가게 임대료 정도 내고 용돈 벌이를 하겠다는 소박한 마음이었다고. 위치가 위치이니만큼 권리금은 없었으며 임대료도 꽤나 저렴했다.

언뜻 큰 문제는 없어 보였다. 그리고 많은 욕심 부리지 않고 이 정도의 목표라면 매출 달성도 그리 어렵지 않을 것으로 여겨졌다.

대중적인 메뉴에 김밥 한 줄에 1천5백원부터 시작해서 3천원까지 무난한 가격대. 그렇다면 어느 정도 기본 매출은 올라야 하는 것이 마땅한데 이곳은 홍보가 잘 안 돼 애를 먹고 있는 상황이었다.

사실 주위를 살펴보면 가게만 차려놓았지 별다른 광고를 하지 않고 있는 곳을 쉽게 만날 수 있다. 심지어 사람들이 오가는 것을 보고 장사가 되겠거니, 하는 경우도 많다. 여기 김밥 가게처럼 간판도 제대로 부착하기 어려운 입지라면 더더욱 홍보에 무게를 두어야 하는데도 말이다.

그래서 일단 전단지를 만들기로 했다. 1천5백원의 가장 저렴한 야채김밥을 가운데 놓고, 그 아래 참치김밥, 치즈김밥, 소고기김밥, 이 세 가지를 배치했다. 단품보다는 야채김밥+참치김밥, 야채김밥+치즈김밥, 야채김밥+소고기김밥 같은 세트를 만들어 주문 시 한시적으로 음료를 서비스한다는 내용도 넣었다. 여기에 정직한 식재료, 정직한 맛을 강조하는 카피를 넣고, 포장 주문 시 김밥 3개 이상을 주문하면 할인해 준다는 내용까지 삽입해 전단지를 마무리했다.

간판이나 현수막 부착이 여의치 않은 지리적 불리함을 극복하기 위해 X배너 두 개를 제작하여 건물 밖 도로가에 나란히 세워놓았다. 오가는 사람들에게 식당을 알리기 위한 장치였다. 그리고 하교 시간에 맞춰 주택가로 들어서는 학생들과 주민들에게 전단지를 나눠주었다.

여기서 먼 대로변에서의 홍보는 피했는데 이유는 지역민을 대상으로 하는 장사이니만큼, 타 주민이나 고정 고객이 되기 어려운 사람들에게까지 전단 광고를 할 필요는 없을 것 같은 생각에서였다. 철저하게 주민들의 동선 안에서 진행했고, 전단지 소진이 목적인 전단 대행업체에 맡기지 않고 오너와 종업원이 직접 배포하라고 주문했다.

학생 이외에 주로 30~40대 여성들을 대상으로 배포했고, 외형적으로 동네 주민 같은 느낌을 주는 이들에게 집중적으로 건넸다. 그리고 주위 학원 주변도 빠뜨리지 않고 공략했다. 예상대로 반응은 메뉴 자체에 대한 호기심보다 '어? 이 동네에 김밥집이 있었네?' 정도. 이런 것만 봐도 그간 얼마나 홍보에 무심했는지를 알 수 있었다.

김밥집은 어디나 비슷비슷한 메뉴. 그러므로 이 식당의 경우 식재료 자체의 차별 점을 끈질기게 부각시켰다. 로고나 디자인, 그래픽 같은 별도의 브랜딩 요소를 부여하지는 않았지만, 김밥 사진과 함께 그런 계통의 컬러를 군데군데 사용해 그린과 웰빙이라는 이미지를 연상하게끔 분위기를 연출하였다.

이렇게 깨끗하고 건강한 느낌을 강조하며 홍보를 계속한 결과, 한번 맛을 본 사람들은 반드시 다시 찾는 집으로 안착할 수 있었고, 광고 이전과는 비교가 안 될 정도로 매출이 올랐다.

이 김밥 식당은 의외로 홍보를 간과하는 식당이 많아서 꺼낸 사례다. 이미 말했듯 전단지 뿌린다고 손님이 찾아오는 것은 아니다. 다만 음식의 맛과 전략적으로 다듬어진 광고 홍보가 지속적으로 병행되어야만 찾아와 맛보고, 단골 고객으로까지 이어질 수 있다는 사실을 다시 한 번 이야기하고 싶었다.

'전단지가 무슨 효과가 있겠어?' '현수막? 굳이 할 필요가 있을까?' 같은 선입견을 가지기보다 내 식당을 홍보하는 일이라면 연구를 거듭하고 그 무엇이든 발 벗고 나설 자세를 가져야 할 것이다.

4
퍼뜨려라
: 무한대의 네트워크 파워,
온라인 마케팅

온라인
마케팅의 효과,
여전할까?

온라인 마케팅! 이 책을 보는 독자들은 아마도 많은 관심을 갖고 있을 것이다. 아예 온라인 마케팅에 대해서만 물어보고 싶은 사람들도 상당할 것이다. 흔히 말하는 '맛집 마케팅!' 그만큼 화두가 될 정도로 성공 사례들이 많았고, 지금도 여전히 마케팅이 진행되고 있기 때문이다.

현실적인 이야기를 먼저 하자면 지금 이쪽 시장은 꽤나 치열해졌다. 어떤 일이든 시장에 널리 알려지기 시작하면 폐단도 생기고, 상투로 향하고 있다는 의미이기도 하며, 또 그것을 규제하는 것도 생기기 때문이다. 따라서 수년 전 많은 식당들이 누렸던 호황에 비해 현재 온라인 사정은 그렇게 녹록지 않다.

이유는 크게 두 가지다. 바로 맛집 마케팅에 대한 포털의 규제, 또 하나는 인터넷을 보고 찾아간 식당이 기대에 부응할 만큼은 아니라는 점 때문이다. 정보 과잉과 과대 포장, 바로 이것이 문제다. 대충 알리고 손님이 찾아오면 된다는 식의 과대 홍보가 오히려 고객들의 고개를 돌리게 만들고 있는 것이다.

　요즘 이러한 단계로 넘어가고 있는 상황이므로 남들이 성공했으니 나도 되겠지, 라는 맹신으로 온라인 마케팅을 접하는 것은 옳지 않다. 이제부터는 풍문(?)이 아닌 실질적인 내용을 알고 진행해야 한다.

　알고 하는 것과 모르고 하는 것. 그야말로 천지 차이기 때문이다. 그러므로 온라인 마케팅의 효과가 떨어졌다고 해도 이런 현상의 안팎을 인식하고 홍보를 해 나간다면 인터넷이 주는 수혜를 듬뿍 입을 수 있을 것이다.

온라인
마케팅의 표준,
블로그!

    온라인으로 기사회생한 업종은 설명하기 힘들 정도로 많다. 오프라인에 비해 몇 배, 몇 백 배의 속도로 정보가 뻗어나가는 인터넷에서의 홍보. 과연 무엇을 선택하고 어떻게 진행해야 할까? 가장 먼저 이 바닥 이야기를 좀 해보겠다.

    블로그와 카페, 페이스북, 인스타그램, 트위터 등 온라인 미디어는 과거 전통적인 매체와는 차원이 다른 길을 열어주고 있다. 더구나 지금은 스마트폰, 즉 모바일이라는 강력한 도구의 등장으로 PC의 웹 환경보다 더 많은 사람에게, 더 편리한 방법으로 마케팅을 할 수 있게 되었다.

    외식업 역시 다를 바 없다. 블로그부터 카페, 페이스북, 트위터 그리고 카카오톡을 기반으로 하는 카카오스토리와 스토리채널 등으로 홍보가 이루어지고 있는 것이다. 또한 인스타그램, 빙글, 핀터레스트 등의 홍보 채널로도 점차 번지고 있다. 싸이의 '강남 스타일'이 유튜브라는 소셜 미디어가 없었다면 과연 성공할 수 있었을까? 이처럼 온라인 마케팅 분야는 무궁무진한 가능성을 열어가고 있다.

외식업 분야의 사람들과 상담을 하다 보면 홍보 부분에서 십중팔구 SNS, 즉 소셜 네트워크 이야기가 나온다. 어느 식당이 블로그 마케팅으로 손님이 늘었다더라, 매출이 크게 올랐다더라와 같은 이야기를 하며 전해 들었던 성공담에 대해 궁금증을 드러내는 것이다.

그렇다. 많은 식당들이 블로그를 이용해 홍보를 하고 있다. 그리고 네이버 블로그는 온라인 마케팅의 표준이 되어버렸다. 어떤 식당은 블로그를 직접 운영하고, 또 어떤 곳은 타 블로그를 통해 가게를 홍보하기도 하고, 이 두 가지를 다 병행하는 경우도 많다. 블로그는 사진과 텍스트, 동영상까지 다양한 형태의 표현이 가능하다. 또한 국내 검색 시장을 독점하는 포털 사이트인 네이버 검색 엔진에 가장 최적화된 형태로 게시된다. 따라서 네이버에서 알고 싶은 지역의 맛집을 검색하면 그에 대한 정보가 홍수처럼 쏟아져 나온다.

맛집 검색을 할 경우 광고란을 제외하면 블로그가 최상단에 위치하고 있음을 보게 된다. 그만큼 네이버에서 중요시 여기고 활성화된 카테고리다. 그러므로 식당들이 블로그를 마케팅 도구로 활용하는 건 당연하며, 그 효과를 톡톡히 누리면서 대박 식당으로 성장한 경우도 수없이 많다. 따라서 블로그 마케팅이야말로 식당을 운영하는 데 빼놓을 수 없는 홍보 수단이라고 할 수 있다.

한편 SNS의 제왕 격인 페이스북이나 트위터, 인스타그램도 있다. 개인적인 일상을 담는 것에서 시작해 지금은 세계적이 되어버린 또 하나의 큰 바이럴 마케팅 도구다. 블로그가 표현하는 데 여러 면으로 자유도가 높은 공간이라면, 이런 매체들은 짧고 간단하게 표현하는 것에 최적화된 공간이라고 할 수 있겠다. 간결한 모양새로 빠르게 이해가 되며 마치 모바일에 최적화된 것처럼 느껴질 만큼 특징이 분명한 소셜 네트워크다.

얼핏 비슷해 보이는 가운데 이런 차이들이 존재하는 만큼 소셜 네트워크를 통해 마케팅을 하고 싶다면 자신의 상황에 맞는 것을 찾아 운영하는 것이 좋다. 정답은 없다. 하지만 아직까지 대한민국은 네이버 같은 포털을 가장 많이 사용하고, 그 영향력도 큰 만큼 블로그를 염두에 두는 것이 유리하다. 이는 곧 국내 현실에 가장 잘 맞춰진 매체이기 때문이다.

비록 네이버 안에서만 정보를 주는 '가두리 양식장'이라는 비판을 받고 있긴 해도 이미 사람들의 검색 패턴은 네이버에 맞춰져 있고, 그 정보에 따라 움직이는 행위는 다른 것들에 비해 월등하다.

각각의
노는 물이
어떻게 다른가?

블로그, 카페. 페이스북, 트위터, 인스타그램, 카카오스토리, 스토리채널, 옐로아이디 그리고 최근 빙글, 네이버의 폴라와 라인, 카카오(다음카카오에서 사명 변경)의 브런치, 플레인까지… 나조차도 이렇게 많은 소셜 네트워크들 때문에 정신이 없을 지경이다. 그렇다면 사람들은 어떤 곳에서 이야기를 나누고 소통하고 있을까?

우선은 앞서 말한 검색에 최적화된 블로그와 관심사가 비슷한 사람들이 모이는 카페, 그리고 포털 외에 다른 사이트들이 있다. 클리앙, 루리웹, slr클럽, 보배드림, 뽐뿌, 마이클럽, 메뉴판닷컴같이 카메라, 육아, 전자기기, 요리, 문화, 예술 등 각각의 주제를 가진 독립 커뮤니티들도 막강한 파워를 자랑한다.

이런 전통(?)적인 공간 외에 또 다른 소셜 네트워크가 있다. 시대의 흐름인 모바일 환경으로 완벽하게 위치 이동을 해버린, SNS 시장에서 빼놓을 수 없는 게 바로 페이스북이다. 세계 최대의 가입자수를 자랑하는 페이스북이 이런 성공을 거둘 수 있었던 이유는 개인 감성의 표현을 위한 간편하고 직관적인 시스템, 또 이에 맞물려 끊임없이 이어지는 개방적인 네트워크 환경에 있다.

페이스북은 중독성 있는 네트워킹으로 성장 가도를 일궈나갔는데 여기에 광고 영역까지 들어오면서 상업적으로도 매력적인 마케팅 채널로 변화하고 있다. 페이스북은 회사 입장에서 마케팅 도구로 활용하는 것은 당연하겠지만, 문제는 이런 현상이 점점 더 심화되자 이탈자 수도 그만큼 증가하고 있다는 것이다(하지만 여전히 페이스북은 최강이다!).

따라서 원치 않는 광고 홍보 글에 지친 사용자(User)들은 지금 한창 주가를 올리고 있는 인스타그램으로 상당수 이동하였는데, 급기야 또 하나의 최강 SNS인 트위터까지 제치는 상황이 벌어졌다.

인스타그램은 비주얼, 즉 사진이 근간이 되는 SNS다. 페이스북보다 더 간결하고 직관적인 사용자 환경에 스마트폰의 보급으로 사진을 찍는 사람들이 늘어남에 따라 인스타그램만의 사진 효과까지 더해지면서 타인에게 인정받고 싶은 인간의 본능을 절묘하게 자극하고 있다. 특히 젊은 여성들의 인스타그램에 대한 관심도는 매우 높다.

여기에 한국인이라면 누구나 쓰고 있는 카카오톡 기반의 카카오스토리가 있다. 카카오스토리는 외형적으로는 국내에서 가장 많은 사용자 수를 확보하고 있으며 실제 유저 숫자 면에서도 다른 SNS를 능가한다. 국민 메신저인 카카오톡에서 파생된 카카오스토리, 그리고 사업적인 측면으로 활용되는 스토리채널과 옐로 아이디가 있다. 특히 다음과 카카오가 합병된 ㈜카카오에서는 이 카카오 서비스로 모바일 시장에서 주도권을 잡기 위해 총력을 기울이고 있다.

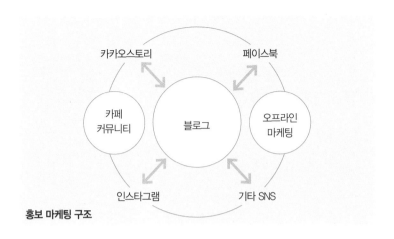

홍보 마케팅 구조

이외에 그룹 모임에서 동창생 커뮤니티로 이름을 알리고, 미니 카페 형태로 발전되면서 점점 더 모바일 시장에 안착하고 있는 네이버 밴드. 인스타그램의 해시태그(일종의 키워드 개념으로 SNS에서 게시물을 검색할 수 있는 기능)와 유사하지만 특정 키워드(해시태그)를 팔로잉할 수 있고 게시물을 모아 볼 수 있는 기능의 네이버 폴라(PHOLAR)와 마이크로 블로그 개념의 카카오 플레인. 일종의 문학 창작 플랫폼인 카카오 브런치와 관심사나 취향을 공유하는 소셜 커뮤니티인 빙글(Vingle), 그리고 마치 미술관에 그림을 전시하듯 마음에 드는 이미지들을 큐레이션 하는 SNS인 핀터레스트도 빼놓을 수 없다. 아! 정말이지 나열하는 것만으로도 숨이 찰 지경이다.

블로그, 카페를 비롯해 비슷한 듯 서로 다른 수많은 SNS들. 이렇게 다양한 매체들이 현재 온라인 마케팅의 수단으로 활발하게 사용되고 있다. 그렇다면 과연 어떤 소셜 네트워크가 내 가게의 홍보에 가장 효과적인 온라인 마케팅 수단이 될 수 있을까?

블로그,
우리 식당도
한번 만들어볼까?

지금까지 소개한 각 소셜 미디어를 통해 온라인 마케팅의 대략적인 느낌과 이해를 했을 거라 생각한다. 짧게 설명했지만 실제 주위에서 쓰고 있는 소셜 매체들은 대충 짐작할 수 있을 것이며 저마다 머릿속에 조금씩 압축되어 있을 것이다.

매체마다 고유의 색깔과 특장점이 있고, 유기적으로 연결성도 많은 만큼 무엇보다 지금 내 가게 사정에 가장 알맞은 것을 선택하는 것이 현명한 방법이라 말하고 싶다. 따라서 무엇이 좋고 무엇은 아니다, 라는 개념이 아닌 가장 대중적이고 효과가 좋은 소셜 매체를 선택해야 하는데 앞서 말했듯 아직까지는 웹이란 환경이 가장 익숙하며 널리 쓰이는 바! 네이버나 다음 같은 포털 검색 기반 아래 더 보편적인 것을 선택하는 게 현실적인 마케팅 방법이 될 것 같다.

개인적으로 쓰고 있는 소셜 미디어가 있다면 그것도 좋겠다. 그렇지만 사람들이 주로 무엇을 사용하는지가 더 중요하다는 점을 알아두자. 그러므로 온라인 마케팅의 기본은 포털 내에서 검색과 반응이 가장 많이 이루어지는 서비스를 선택해야 하는데, 이에 널리 쓰이는 건 역시 블로그와 카페다. 이외에 상황에 따라 활용할 수 있는 SNS와 병행하는 형태로 운영의 묘를 부리는 것이 좋다.

소셜 마케팅을 진행하는 데는 두 가지 방법이 있다. 직접 운영하는 것과 타인에게 맡기는 것이다. 전문적이지는 않지만 오너가 인터넷을 조금 해봤고 또 비용을 생각한다면 전자를 선택할 것. 본인은 물론 직원들을 시켜서 직접 운영할 수 있기 때문이다.

블로그나 카페를 개설하는 데는 돈이 들어가지 않는다. 공짜다. 하지만 만드는 것이 문제가 아니라, 사진과 이야기 등의 콘텐츠가 있어야 하는 것이 중요 관건이다. 이런 경우 나는 오너에게 되묻는다. 장사를 하면서 소셜 미디어를 운영할 인력과 시간이 있느냐고 말이다. 소셜 운영이란 적지 않은 시간과 노력이 들어가야 한다는 사실을 대개는 간과하고 있다.

가게 영업과는 별도로 시간을 내야 하고, 시간이 있다 하더라도 글을 아무렇게나 써서는 안 되며 사진도 올려야 하는 등 신경 쓸 부분이 한두 가지가 아니다. 이런 이야기를 하면 그제야 고개를 끄덕인다. 블로그 마케팅에 대해 무지하거나 혹은 만만히 보고 있다는 것을 증명하는 셈이다.

블로그가 쉬엄쉬엄 할 수 있는 일이라는 생각은 버리는 것이 좋다. 나도 블로그를 운영하고 있지만 전반적으로 상당한 공을 들인다. 블로그가 개인이 하고 싶은 이야기를 자유롭게 담는 도구는 맞지만 사업과 연관될 때는 이야기가 달라진다.

아무렇게나 배설하듯 글을 쓴다는 것은 자기만족일 뿐이고, 내 경우처럼 수년 동안 우수 블로그로 선정되기도 힘들 것이다. 외식

블로그도 마찬가지다. 이 블로그에 실린 글을 읽고 공감하여 손님
이 찾아온다고 생각하면 정신이 번쩍 들 것이다. 역시 충분한 시간
과 노력을 들여야 하는 작업임을 잊지 말자. 게다가 돈 들여 맡기기
는 싫고, 나도 할 수 없으니 직원들에게 지시한다? 이런 마음으로는
블로그 운영에 성공할 수 없다. 물론 가장 좋은 방법은 오너인 당신
이 스스로 운영하는 것이다. 모르면 배워서라도 시작해 보는 것. 이
것이 정답이다.

더 이상 미루지 말고 블로그를 시작하라

이제부터는 직접적인 온라인 마케팅에 대해 이야기해 보겠다. 먼
저 블로그를 운영할 여유가 있다는 가정하에 이야기를 시작해 보
자. 꼭 정답은 아니지만 그래도 내 가게를 대표하는 블로그 정도는
하나쯤 갖추고 있는 것이 없는 것보다는 낫다. 하고 싶거나 못 다한
이야기, 원하는 모든 정보나 이벤트 정보를 담을 수 있고, 고객들과
의 소통은 물론 예비 고객까지 창출할 수 있기 때문이다.

블로그에 글을 쓰는 것은 어려운 일이 아니다. 생각하기 나름인
데 내 가게이니만큼 열정적으로 해볼 생각이라면 이제부터 하는 이
야기를 잘 들어보기 바란다.

타인의 블로그에 자신의 식당 소개나 이벤트를 게시하는 것도 좋
지만, 동시에 내 블로그를 만들고 키워가는 것이 중요하다. 시간이
갈수록 방문자가 늘어나게 되면 점점 더 전략적으로 움직일 수 있
기 때문이다.

블로그를 만든다는 것은 집을 짓는 것과 같다. 땅을 파고, 그 위로

철근과 콘크리트를 사용해 결국 집이라는 형상을 만들게 된다. 이 안에서 사람들이 교류하며 쉼을 가지는 공간을 만들어내는 여정, 이런 작업이 바로 블로그다. 고객을 끌기 위해 식당을 새롭게 리뉴얼하는 것처럼 보이는 모습은 매우 중요하고, 그 안에 담기는 내용에도 각별히 신경 써야 한다.

자, 그렇다면 무턱대고 글을 써도 좋을까? 블로그는 근사하거나 멋진 내용이 있어야 하는 것이 아니다. 기본적인 메뉴나 식당 위치 같은 항목을 시작으로 음식에 대한 철학, 여행이나 취미 등의 이야기를 다양하게 들려준다면 사람들은 감성적인 모습에 호감 어린 시선으로 당신의 식당을 바라보게 될 것이다. 물론 이런 글에는 어느 정도 감각이 필요하기도 하다.

그렇다면 이렇게 생각해 보는 건 어떨까? 마치 일기를 쓰듯, 나의 하루와 생각을 정돈해 보는 것. 블로그는 사실 일기장과 다르지 않다. 글과 사진, 그림으로 마음을 표현하는 그런 일기장 말이다. 음식에 대한 진실된 이야기, 고객을 만나 행복했던 이야기들을 일기처럼 표현하게 되면 그 블로그는 글이 매끄럽든 아니든 상관없이 감성적으로 느껴질 것이다.

한편 어느 순간, 다른 블로거들은 사진도 멋지게 찍고, 글도 맛깔나게 쓰던데 나는 왜 이럴까? 하는 생각이 들 수도 있다. 하지만 정말 중요한 것은 '진정성'이다. 한때 파워 블로거 열풍이 휩쓸었던 시절도 있었지만 지금은 그 세력이 약화되었으며 블로거라고 하면 색안경을 쓰고 보는 사람들도 많아지고 있다. 그러므로 스스로 진정성 있게 요리하고, 솔직하게 삶을 살아가는 모습을 보여주는 것이 사람들에게 더 가까이 다가가는 방법이다.

조금 촌스럽고 글이 재밌지 않더라도 괜찮다. 나의 블로그 이웃 중에는 칠순이 훨씬 넘은 분도 계시다. 이분의 블로그는 전문적인 내용도 없고 맞춤법도 자주 틀리지만 사람들은 그런 것에 개의치 않고 꾸준히 방문하며 교류한다. 이런 인간적인 공간을 지향하면 그만이다.

당신은 사진작가가 아니고, 외식업에 종사하는 사람이다. 용기를 가지고 지금 시작해 보자. 나머지 운영 기술들은 블로그를 지속하며 조금씩 배워나가면 된다. 그렇게 시간이 쌓이다 보면 어느새 블로거로서의 면모를 갖추게 될 것이다.

가게 이야기만 하지 말고, 내 이야기를 하라

사실 블로그 운영에서 중요한 문제는 또 있다. 일정 시간이 지나면 반드시 어떤 벽에 부딪히게 된다. 쓸 내용이 바닥난다는 것이다. 아무리 머리를 쥐어짜도 쓸 내용이 없다는 사람들이 많다. 바로 이런 문제를 극복하기 위해 가게에 대한 내용도 좋지만 내 자신을 표현할 만한 이야깃거리를 만들어야 한다.

앞서 말한 일기장이라는 개념을 다시 한 번 적용해 볼 차례다. 음식에 대한 오너로서의 소신, 크든 작든 간에 이런 이야기를 들려주고 콘텐츠를 계속해서 생산할 수 있는 자신만의 무기를 가져야 한다. 그러나 이게 꼭 특별할 필요는 없다. 일상 블로그라는 말을 들어봤을 것이다. 사소한 일상이라도 사람들이 보고 공감하고 좋아할 만한 내용이면 된다.

식당 블로그인데 너무 진지하거나 심각한 내용을 쓰면 그 식당에 갈 사람은 아무도 없을 것이다. 따라서 나도 즐겁고 글을 읽는 사람들도 좋아하거나 정보가 될 만한 것이라면 무엇이든 상관없다. 영화를 보거나 쇼핑을 하고, 길냥이를 돌보거나 하는 신변잡기도 괜찮다.

살면서 느끼고 감동을 받은 것이라면 모든 것이 다 소재가 된다. 나도 내 블로그에 마케팅에 관한 이야기만 하지 않는다. 검색의 반영을 위한 이유도 있겠지만 영화나 여행, 단상 등 다양한 이야기들을 담는다. 블로그가 딱딱한 이론만 있는 공간이라면 쓰는 사람도 읽는 사람도 고역이 될 것이다.

다시 말하지만 다른 사람들처럼 매끄러운 표현을 위해 애쓸 필요가 없다. 그저 나만의 방식으로 글을 쓰면 된다. 이건 정말 중요하다. 이렇게 꾸준히 업데이트를 하다 보면 글들이 하나둘 쌓이게 되고 포스팅도 질리지 않으며, 어느새 훌쩍 늘어난 이웃 수에 흐뭇한 미소를 지을 날이 올 것이다. 이웃이 누구인가? 바로 나의 고객이며 자발적으로 광고를 해주는 내 가게의 호위무사가 아닌가. 그리고 진짜 좋은 것, 바로 변치 않는 당신의 단골이 되어준다는 사실이다.

블로그 이웃을 곧 내 식당의 고객이라고 생각하라

사실 블로그 운영 기술이라는 게 있기는 하다. 사이트 등록이니, 블로그 지수니, 키워드 검색, 포토샵 등등… 여러 가지 요소들이 있는데, 그 기술적인 것들에 대해서 일일이 나열할 필요는 없다. 그것은 블로그를 시작한 당신이 스스로 배워가야 할 부분이다.

결국 내 이야기의 결론은 블로그를 활용해 당신이 알리고픈 식당의 내용이나 삶의 이야기를 전달하라는 것이다. 블로그 이웃들과 유대 관계를 갖는 것, 그 진정성. 이것이 핵심이다.

블로그를 통해 유입되는 이웃들을 나의 매장에서 만나는 고객이라고 생각하자. 이벤트나 요리 자랑 외에 그들에게 노골적으로 가게에 오라고 하는 행위는 곤란하다. 블로그는 중의적이고 따뜻한 감성이 흘러야 고객이 자연스럽게 가게로 찾아오는 것이다. 때문에 진정성 있는 글과 사진은 더욱 중요한 요소가 된다.

요리를 하는 사진, 장을 보는 사진, 다른 식당을 찾거나 세상 이야기 등등… 쓸 수 있는 이야깃거리는 무궁무진하다. 음식을 판매하는 일은 곧 감성을 다루는 일이기 때문에 이런 모습들은 사람들에게 많은 호감을 줄 것이다. 생각이 녹아내린 글, 소탈한 일상 등이 느껴진다면 오지 말라고 기도를 해도 찾는 사람들이 늘게 될 것이다. 여기에 식당을 직접 가보니 맛까지 좋다? 매출이 오르지 않을 이유가 없다.

외식업 블로그 운영은 홀에서 고객과 마주하는 종업원의 업무와 비슷하다. 즉 대중은 당신과 다르고, 이렇게 다른 수많은 사람들을 상대해야 한다는 것을 의미한다.

인기 블로그가 되는 포스팅과 고객 서비스 업무 종사자의 유사점을 생각해 보며, 식당을 대표하는 멋진 블로그를 만들 수 있는 이웃 대응 방법을 알아보기로 하자.

외식업 블로그를
효과적으로
운영하는 기술

1. 가게 이름과 위치, 메뉴 소개는 가장 기본적인 내용이다.

2. 광고보다는 마음을 나누고, 정보를 준다는 생각으로 포스팅한다.

3. 일상이나 여행, 문화 등 공감할 수 있는 이야기를 들려준다.

4. '맛집' 키워드는 가급적 쓰지 않는다. '최고&최상의 맛' 이런
   문구도 삼간다.

5. 차츰 호기심을 유도해 가게를 방문하게 만든다.

6. 정기적인 이벤트를 실시하고, 그 내용과 후기를 블로그에 게시
   한다.

7. 자신과 다른 의견을 펼치는 사람과 논쟁하지 않는다(그 글을 다른
   사람들이 보고 있다).

8. 소통이 중요하다. 웃기지 않아도 웃어주고, 재미없는 말에도
   놀라움을 전해야 한다.

9. 진상 고객이 댓글을 남기더라도 날이 서는 맞대응은 삼가는 게
   좋다.

10. 그렇지만 지독한 진상 고객의 댓글이라면 논쟁 자체를 원천

차단해야 한다.

11. 인터넷의 특성상 함부로 말하는 사람들이 있다. 눈을 감고 귀를 닫아라.

12. 지치지 않게 꾸준히 글을 올리는 것이 중요하다.

이런 기본들을 바탕으로 소중한 글들이 쌓이면 당신의 블로그는 사업 자산이 된다. 또한 이렇게 쌓인 글들이 누군가에게 검색되고, 그들이 고객으로까지 유입된다면 얼마나 행복할까.

블로그는 이러한 이점들이 있는 만큼, 처음에는 부족하고 힘든 점이 있더라도 일단 시작하면 아무쪼록 꾸준히 운영하기를 바란다.

누구나 처음에는 서툴고 어색할 수밖에 없다. 하지만 꾸준히 하자. 가장 큰 실수는 블로그 포스팅을 장기간 쉬는 것. 포스팅을 하지 못할 때는 왜 못 하는지에 대한 공지를 올리는 것이 좋고, 또 이 간격이 길지 않아야 검색 엔진에도 잘 반영된다는 것도 알아두자.

블로그
체험단을
활용하라

지금까지는 블로그 운영 방법에 대해 소개했다. 이제부터는 바로 효과를 볼 수 있는 본격적인 마케팅 방법을 들려주고자 한다. 이는 내가 블로그를 하는 것이 아니라 타인이 하는 것을 말하며, 이 중에서도 블로그를 잘 운영하는 사람이 내 가게를 홍보하는 마케팅 방식이다. 가게 매출과 직결되는 것이니만큼 잘 읽고 머릿속에 담기를 바란다.

블로그 활용 전략에서 첫 번째가 스스로 블로그를 운영하는 것이었다면, 두 번째 방법은 외부 블로그를 통해 마케팅하는 것이다. 여기에도 두 가지 방법이 있다. 첫 번째는 블로그 마케팅 대행사에 맡기는 것이고, 또 다른 방법은 다른 블로그에 나의 식당 홍보를 의뢰하는 것이다. 언뜻 비슷해 보이지만 차이가 있다.

자, 우선 대행사에게 맡긴다는 것은 자신의 식당에 대한 홍보나 후기를 다른 블로그들과 제휴한 대행사에 일괄적으로 의뢰하는 것을 말한다. 일정한 메뉴를 짠 후 대행사에 의뢰하면 알아서 블로거를 선정하고, 모든 진행 과정을 대행사가 총괄한다. 블로거들이 식당에 대한 후기를 어떻게 남겨주면 좋겠는가의 문제까지도 모두 대행사의 역량으로 해결되는 식이다.

대다수의 식당들이 이 같은 방법으로 진행을 해왔고, 지금도 하고 있는데 대행사에도 두 가지 형태가 있다. 하나는 대행사가 적당한 블로그를 물색한 뒤 그 블로그를 통해 고객의 글을 올리는 것이다. 또 하나는 바이리뷰, 위드블로그 같은 블로그 체험단 전문 회사를 통한 블로그 마케팅 방법이다. 검색을 해보면 블로그 체험단은 의외로 많이 존재하는 것을 알 수 있다.

블로거들을 개별적으로 모집해 진행하는 대행사와 블로그 체험단 전문 회사. 이 두 가지 방식도 역시 비슷해 보이지만 약간의 차이가 있다. 개별적으로 모집하는 대행사에는 포스팅 원고(글과 사진)까지 준비를 해주고, 체험단은 그들이 직접 촬영한 사진과 글을 쓴다. 또한 글 말미에 '체험단'이라는 후원 배너가 붙느냐, 안 붙느냐의 차이도 있겠다.

즉, 블로그에 게시되는 것은 동일하지만 대행사는 직접 물색한 블로그에 해당 식당에 대한 후기를 요청하거나, 준비된 사진과 글을 직접 올리는 방식이다.

반면 체험단 전문 회사는 확보된 블로거들에게 '리뷰를 해보겠습니다'라는 신청 댓글을 받아 선정된 이들에게 후기를 요청하는 방식을 사용한다. 이 경우, 체험단들이 해당 식당을 직접 방문하여 개인적인 평가 방식으로 리뷰를 작성하게 된다.

어떤 방법이든 내 식당을 홍보한다는 전제 조건하에 이루어지는 작업이다. 여기서 주의할 점은 일부 블로그 마케팅 대행사의 경우

물색한 블로그에 무차별적으로 대행사 의뢰인들의 맛집 포스팅을 한다는 것이다. 한 블로그에 키워드의 남발과 동시다발적으로 포스팅이 될 때는 이른바 '저품질 블로그'가 될 가능성이 높다.

이런 경우 포털(네이버) 내의 검색 자체가 차단되어 돈을 들여 기껏 홍보한 나의 식당이 검색이 안 되는 사태까지 생기게 된다. 물론 홍보를 의뢰한 시기에 이런 일이 생기는 건 드물지만 어쨌든 좋은 일은 아니다. 검색에 오래도록 노출되고 글이 남아 있는게 홍보에 유리한 만큼 대행사를 이용할 경우 이와 같은 부분을 미리 확인하고, 만일 적합하지 않다면 체험단을 활용하는 것이 낫다.

파워 블로거들과
긴밀히
접선하라

블로그 전략의 또 다른 하나는 대행을 하는 것보다 좀 더 직접적인 방법이 있다. 다름 아닌, 영향력 있는 블로거를 오너가 직접 섭외하는 것이다. 실제로 대행사에 업무를 맡기거나 체험단을 활용하게 되면 체험단에서 요구하는 각종 배너나 위젯들이 블로그를 어지럽게 채우고 있는 모습을 볼 수 있다. 이른바 체험단을 홍보하는 노출광고다.

검색을 통해 들어온 사람들이 이런 모습을 보게 되면, 왠지 체험단에 의지하여 포스팅을 하는 공간 같아서 글 자체에 온전한 믿음을 갖기 어렵다. 아무리 솔직하게 쓴 글이라 해도 광고 아닌 광고성 글이란 생각을 지울 수 없기 때문이다(그래도 어떻게 쓴 글이냐가 더 중요하긴 하지만 말이다).

만일 이 같은 상황이 마음에 걸린다면 아예 직접 블로거를 섭외하는 것이 좋다. 광고로 도배되어 있지 않은 파워 블로거나 방문객이 일정 수준이 되는 블로거에 청을 하면 된다. 여기서 파워 블로거라고 하면 네이버의 파워 블로거나 다음이나 티스토리의 우수 블로거 같은 정식 명칭을 가진 블로거를 생각할 수 있지만 방문객이 많거나 방문객들에게 영향력이 높은 블로거들도 파워 블로거의 범주에 속한다. 지금의 블로그는 과거와는 비교할 수 없을 만큼 유저들이 많아지고 협회나 단체들도 있을 정도로 확대되어 굳이 파워 블로거라는 단어가 무색할 지경이다. 그런데 이런 블로거들은 또 수많은 업체들로부터 리뷰 의뢰가 들어온다. 역시 그들도 블로거를 통한 마케팅을 해야 하는 까닭이다.

그렇지만 이런 블로거들이 섭외에 수락하여 가게와 요리에 대한 글을 쓰게 되면 나름 공신력 있는 블로그 이미지 때문에 많은 사람들이 당신의 가게로 발걸음을 돌릴 수 있다. 여기서 하나 더 말하고 싶은 것은 식당 리뷰를 전문으로 글을 쓰는 맛집 블로그를 너무 의식할 필요는 없다는 것이다. 오히려 다른 주제의 블로그도 괜찮다. 최근의 맛집 블로그는 협찬이 많고, 광고성이 강하다는 점 때문에 과거와 같은 효과를 보지 못하는 경우가 많기 때문이다. 이게 과연 공정한 후기일까? 라는 의구심을 품게 된다는 것이다(다른 주제의 블로그는 오히려 보는 사람으로 하여금 신선하게 작용한다는 이점이 있다).

또한 의뢰를 할 때 주의할 점이 있다. 대상이 되는 블로거에게 요청할 때는 단순히 '의뢰합니다'라는 글과는 별도로 다소의 준비가 필요하다. 식당을 대변할 아무 자료도 없이 청탁을 하면 그런 제안은 일언지하에 거절당하기 십상이다.

왜냐하면 그 블로그에서 잘못된 정보를 올리면 그 피해는 해당 블로거가 고스란히 떠안게 되기 때문이다. 그러므로 블로거가 확인할 수 있을 만한 다른 리뷰나 내 식당의 블로그, 혹은 내 식당에 대한 구체적인 자료들을 첨부하는 것이 필수다.

그래서 블로거에게 제시하는 사진은 완성도 있게 찍은 것이어야 한다. 보는 이로 하여금 먹고 싶고, 가고 싶다는 생각이 들게 할 만큼 수준 있는 사진을 첨부해야 한다는 뜻이다. 그래야만 블로거의 마음을 움직일 수 있고, 이를 토대로 초청이 가능해진다.

초대는 정중해야 하고, 구체적인 내용과 메뉴에 대한 설명이 곁들여져야 한다. 진정성 있는 한마디, 한마디에 사람의 마음은 움직이게 마련이다. 재차 말하지만 아무런 준비 없이 단순하게 초대합니다, 라고 하는 우를 범하지 않기를 바란다. 그들이 올리는 글과 사진은 많은 사람을 움직인다는 걸 염두하고 이야기를 건네야 한다.

블로거 초청이 성사되면 체험단과 비슷하지만 인원은 테이블 기준으로 2~4명 정도를 잡는다. 그런 후 신메뉴를 기본으로 이와 연계되었거나 자신 있는 메뉴를 블로거들에게 시식하게 한다. 블로거들은 방문 후 매장과 요리 사진을 찍으며 자신의 블로그에 포스팅을 한다. 지금까지 고생하며 준비한 신메뉴와 가게의 리뉴얼은 바로 이 순간을 통해 온라인으로 퍼져나가기 시작하는 것이다.

특히 파워 블로거들은 나름의 프라이드를 갖고 있으므로 자신이 보기에 만족스럽지 않으면 글을 애매하게 써줄 때도 있다(심지어는 비밀 글로 그 식당에 가지 말라고 하는 경우도 있다).

따라서 메뉴와 환경 정비, 서비스는 철저해야 하고, 맛있는 요리가 탄생될 때까지 충분히 준비한 후 초청하는 것이 좋다. 그리고 이 전략의 최종 목적은 블로거의 글을 보고 온 다른 사람들을 통해 입소문이 나게 하는 것이니만큼, 이 행사를 진행할 때는 실수가 안 생기도록 주의해야 한다.

이렇게 직접적인 섭외의 장점은 마치 글 공장 같은 영혼 없는 글이 아닌, 블로거의 책임감이 깃든 글이 실린다는 것이다. 게다가 내용이 틀리거나 마음에 안 드는 문장이 있을 경우 수정을 요청해도 좋은데 가게에 대한 인상이 좋았다면 흔쾌히 들어줄 것이다.

다시 한 번 말하지만 블로거를 직접 찾고 싶다면, 섭외할 블로그를 찬찬히 들여다보자. 이웃들 간의 커뮤니케이션이 활발하고 댓글도 프로그램 댓글(의미 없는 인사말)도 없는, 깨끗하게 운영되고 있는 블로그라면 접촉을 시도해 보길 바란다. 사람을 모아 보내는 체험단도 좋지만 이런 방식의 마케팅이 잘 진행된다면 기대 이상의 큰 효과를 보게 될 것이다.

맛집 & 카페
커뮤니티의
회원이 되자

이번에는 커뮤니티 마케팅이다. 커뮤니티는 보통 네이버나 다음 내에 있는 '카페' 서비스가 있고, 앞에서 말한 대로 주제별 사이트로 운영되는 커뮤니티가 있다.

커뮤니티는 대개 공통의 관심사를 가진 사람들이 모이는 공간이다. 블로그와 마찬가지로 활성화되어 있는 카페에서는 후기 글을 직접 쓰거나 배너를 통한 이벤트 같은 제휴를 청할 수 있다. 따라서 블로그 마케팅을 하기가 여의치 않거나 혹은 병행하고 싶을 때 카페의 활용은 매우 효과적인 방법이 된다.

카페는 회원 가입을 한 후 활동하게 되는데, 카페 커뮤니티만의 접근법과 방법론이 필요하다. 특히 1인 체제로 운영되는 블로그와 달리 카페는 다수의 스태프들이 조직적으로 일을 분담하며 회원들을 관리한다.

회원 수를 보면 알 수 있듯 그만큼 많은 사람들이 오가는 곳이 카페다. 카페 마케팅을 할 때는 카페 대문에 이벤트 내용이 걸린 배너 광고를 하거나 정식으로 카페지기에게 제휴를 청하는 방법이 있다.

카페 회원들을 상대로 신메뉴 시식의 날을 만들어 초청하거나 어떤 메뉴에 대해 토론해 볼 수 있게 장을 펼쳐주는 방법도 있다.

가장 보편적인 방법은 자신이 직접 그 카페의 회원이 되어 글을 올리거나 대화에 참여하는 것이다. 맛집 커뮤니티를 우선하지만 블로그와 마찬가지로 다른 주제의 카페도 괜찮다. 그런 카페에는 대개 맛집이나 가볼 만한 곳 같은 카테고리가 있는데 이런 곳에 올리면 된다.

여기서 주의할 점은 대다수의 카페는 홍보성 글에 대해 민감한 편이며, 과장된 포스팅을 했다가는 결속력 좋은 카페 회원들에게 뭇매를 맞고 강제 퇴장을 당하는 경우도 간혹 있다.

실제로 광고 효과를 누리기 위한 카페에서의 편법도 여러 가지 있지만, 여기서는 다루지 않기로 한다. 자칫 잘못했다가는 오히려 이미지만 더 추락시키는 상황을 만들 수도 있기 때문이다.

카페는 일정한 테두리 안에 있는 공간이니만큼 어느 회원이 추천하면 우르르 몰려가는 성향이 있다. 좋은 결과는 상관없지만 어떤 회원이 클레임을 걸 때 대응을 잘못하면 오히려 역풍을 맞는 경우도 있다. 그러므로 적절한 댓글과 찾아온 카페 회원에게 최선을 다해야 함은 물론이다. 언제나 솔직한, 있는 그대로 글을 올리고 응대를 하는 것이 가장 좋다.

단, 내 식당을 홍보하겠다는 한 가지 목적에서 벗어나 맛집이나 카페 그 자체에 흥미를 가지고, 회원들의 생각과 입맛을 공유하는 것은 권할 만하다.

요리 방법에 대한 팁과 전문가의 시선에서 알려주는 음식 이야기, 여행, 일상 등의 정보를 꾸준히 올려 정보의 전문성이나 신뢰 면에서 인정을 받게 되면 결국 식당에도 좋은 일이 생길 것이다.

다만 과한 욕심으로 너무 많은 카페에 가입하기보다는 대형 카페 한두 곳이나 회원들의 활동이 활발한 카페가 시간의 안배와 집중도 면에서 좋다. 특히 식당은 그 지역을 기반으로 영업을 하는 만큼 굳이 여기저기 가입을 할 필요는 없다.

친목도가 높고 또한 영업과는 별도로 자신의 취미나 좋아하는 분야가 있다면 여기에 맞는, 오래도록 활동이 가능한 커뮤니티를 찾아 글을 써 내려간다면 가게는 자연스럽게 홍보가 될 테니 참고하기 바란다.

2030 여성들을
공략하고 싶다면?
인스타그램!

지금까지 블로그와 카페라는 웹 검색 기반의 서비스를 권하였다. 하지만 카카오스토리나 페이스북 같은 SNS도 이벤트의 효용성과 트렌드적인 측면에서 간과할 수 없다. 상황이 허락된다면 병행해서 운용하는 것이 바람직하다.

강조하지만 '상황이 허락된다면'이다. 장사 하나만으로도 힘들다는 것을 알고 있기 때문이다. 그럼에도 불구하고 정말 상황이 허락된다면 식당 이름으로 된 SNS도 하나쯤 운용해 볼 것을 권한다.

만일 여성 고객들에게 내 가게를 어필하고자 한다면 수많은 소셜미디어 중에 어떤 것이 가장 좋을까? SNS는 여러 채널을 동시에 진행하기보다는 어느 것 하나를 선정한 후 집중하는 것이 올바른 방법이다. 기왕이면 효과적이고 핫하며 무엇보다 쉽게 접근할 수 있는 것을 골라야 하는데 그게 무엇일까? 바로 인스타그램이다.

그런데 인스타그램 마케팅을 어떻게 하느냐고? 당장 인스타그램 어플을 다운 받아 핸드폰 안에 장착한다. 그리고 가입한 뒤 사진과 글을 올리면 끝! 물론, 기술적인 방법들은 하나둘 공부해야 하지만

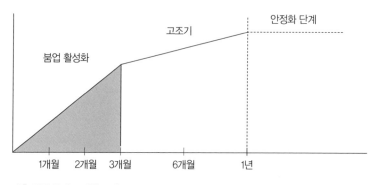

매출 변화 추이 & 계획 그래프

이런 공부는 스스로 찾아서 하기를! 이렇게 일정한 글과 사진을 매일 올리다 보면 알아서 찾아오는 팔로워들이 생기게 되는데 그때의 기분이란 정말 반갑기 그지없다.

　인스타그램은 글보다는 사진이 핵심이 되는 SNS이며 무엇보다 간편한 애플이라는 점에서 인기를 끌고 있다. 인스타그램은 사진만으로 모든 걸 말해 주는 데다 '우리 식당도 이걸 한다!'는 관념적인 측면으로도 꽤 트렌디한 느낌을 전달할 수 있다. 만일 메뉴가 시각적으로 두드러지거나, 20~30대 여성이 주 고객층이라면 인스타그램을 통한 마케팅을 적극적으로 도입해 보자. 요리라는 것은 기본적으로 사람들의 본능을 자극하는 매개체다. 잘 찍은 사진만으로도 그것을 먹게 하는 힘이 생기니 말이다. 많은 음식 중에서도 비주얼이 강조되는 메뉴, 사진을 찍으면 대체적으로 괜찮게 나오는 메뉴라면 더욱 좋다. 또한 블로그나 다른 페이스북처럼 긴 글을 쓰지 않아도 좋으니 그만큼 시간을 많이 소비하지 않아도 된다는 이점이 있다.

　하지만 식당 홍보를 위해 소셜 매체로서 인스타그램을 선택할 경우 메뉴가 제법 많아야 오래 유지할 수 있다. 메뉴 위주로만 사진을 올리다가는 곧 바닥이 날 수도 있다는 말이다. 이런 문제점을 보완하려면 다른 이야깃거리가 될 만한 일상이나 여행 등의 사진들도 중간 중간 적절하게 섞어주는 것이 좋다. 이를테면 요리 자체나 식재료를 찍어도 좋고, 가게의 풍경이나 인테리어 중 예뻐 보이는 부분을 찍어서 올려도 좋다. 트렌디한 소품들도 좋고, 멋진 그릇 사진도 괜찮다. 아니면 전혀 다른 곳에서의 일상이나 테이블에서의 커피 한 잔, 쉬는 시간의 망중한 등 감성적인 내용은 주위에 얼마든지 있지 않은가. 메인은 당연 요리 사진이 되고, 더 멋진 사진들을 중간 중간 포진시킨다면 여성 고객들의 마음을 사로잡기에 이보다 더 좋을 순 없을 것이다. 주제를 적절하게 얹어 소통해 보자. 사람들은 당신이 들려주는 이야기에 호감을 가지게 될 것이다.

　인스타그램을 운용하면서 어느 정도 팔로워가 늘어나게 되면 이들만을 위한 이벤트를 게시하며 홍보를 하는 것도 방법. 이 정도가 되면 당신의 인스타그램은 이제 제법 탄탄한 구성의 마케팅 공간으로 자리 잡을 수 있게 될 것이다. 인스타그램? 어렵지 않다. 지금 해보자. right now!!

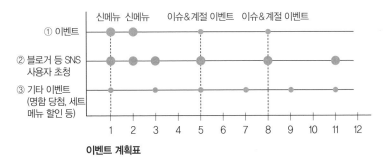

이벤트 계획표

번화가 속에서도 당당히 살아남은 양꼬치 식당

이곳은 경기도 소도시. 왕복 4차선 대로변 2층에 있는 양꼬치집이다. 대로이니 유동 인구는 많으나 모여드는 상권이 아니라 목적지를 향해 스쳐가는, 흐르는 상권이었다. 게다가 출입구는 좁고, 계단은 가파르며, 간판은 가로수에 막혀서 제대로 보이지도 않는 상황. 차라리 골목길이 훨씬 찾기가 수월할 만큼 독특한 위치였다.

올라가 보니 인테리어라고 부르기에도 민망한 허름한 공간. 그야말로 대충대충 배치한 가구들이 보이는 풍경이었다. 의자와 탁자는 칠이 벗겨졌고, 바닥의 전기 배선은 함석 철판으로 대충 덮어 위험해 보이기까지 했다. 순간, 나도 모르게 한숨이 나왔다.

수년 전만 해도 양꼬치라 하면 중국 사람들이나 먹는 음식으로 생각하고, 큰 주목을 받지 못했었다. 그런데 세월이 지나면서 인천 차이나타운의 유명세와 더불어 서울 대림동과 건대를 중심으로 급속하게 퍼져나가기 시작했다.

한국인이 좋아하는 요리 중 치킨과 닭꼬치가 있는데 이런 연장선 덕분에 인기가 많아졌다. 여기에 해외여행을 하는 사람들이 늘어나면서 여행 중 먹어본 양꼬치, 그 느낌 때문에 덩달아 인기를 끌며 널리 전파된 것이다.

그곳 주변에는 양꼬치 식당이 은근히 많은 편이었다. 부근에 조선족들이 많이 살고 있는 곳이기도 해서 더욱 그랬다. 맛은 기가 막힌데 장사가 안 된다고, 한번 가봐 달라고 부탁하는 지인의 권유로 한여름, 그것도 대낮에 방문하게 되었다. 무척이나 낡고 허술한 공간. 사실 이 부분에는 장단점이 있다. 요리가 좋다면 그 낡은 멋이 오히려 맛집으로 등극하는 이유가 되기 때문이다. 하지만 맛이 기대에 미치지 못한다면 공포의 세트장이 되기 십상이다.

하여튼 이곳은 처음 수년 간은 장사가 꽤 잘 되었다고 한다. 그도 그럴 것이 가게를 처음 시작할 때는 경쟁할 만한 곳이 많지 않았다. 그런데 주변에 몇몇 양꼬치 식당이 생기고, 그 식당들 중에 꽤 성업을 이루는 곳이 나타나자 상대적으로 이곳은 점점 빛을 잃어가는 상황이었다.

우선 맛을 보았다. 나도 양꼬치 좀 먹어본 사람 중 손가락 안에 드는데 이 가게의 요리는 생각보다 썩 괜찮았다. 향도 그렇게 강하지 않고, 육질도 수준급이었으며 전체적인 맛의 균형이 잘 잡힌 요리였다.

생각해 보면 손님이 없는 터라 하나하나 더 신경 써서 그럴 수도 있겠는데, 어쨌든 그 맛에 대한 믿음 덕에 고전을 겪고 있는 이 가게를 당장 리뉴얼해 보기로 했다.

몇 년에 걸쳐 장사가 안 되면 의욕이 소진되는 것이 인지상정이다. 나는 오너에게 다시 희망을 불어넣어 주기 위해 힘썼다. 객관적인 입장에서 맛과 분위기 그리고 어떻게 손을 보고 사람들에게 홍보할지를 설명했다. 식당의 우선은 요리고 일단 합격점이라는 말로 용기를 주었다. 그리고 이 수준 있는 맛을 올곧이 유지해 주기를 당부했고, 또 다짐받았다.

먼저 외관 청소와 함께 가파른 계단에 난간을 만들었다. 홀 바닥의 전기 배선을 없애고 벗겨진 테이블은 다시 칠하고, 색이 바랜 벽에는 새롭게 벽지를 발랐다. 눈에 거슬리는 지저분한 물건들은 치우고 중화풍의 소품들을 들여놓은 후 벽면에 요리 포스터와 함께 큼지막한 메뉴판도 디자인해 걸었다. 큰돈 들이지 않고 마치 대청소를 한다는 느낌으로 공간을 쾌적하게 변신시킨 것이다.

이후 몇 차례 드나들며 양꼬치 이외의 메뉴들을 점검했다. 여기서 의뢰인이 잘못 인식한 게 있었는데, 그건 바로 손님을 중국 동포들로 생각했다는 점이다. 그도 그럴 것이 주위의 양꼬치 가게, 그 대부분이 중국 교포 손님들 위주였다.

나는 이 부분에서 차별 점을 두기로 했다. 한국인 손님들을 끌어들여야 한다는 점을 강조하기 시작한 것이다. 이제는 우리나라 사람들도 양꼬치를 잘 먹으며 많은 양꼬치 식당들이 성업 중이라는 사실도 자세히 설명해 주었다.

대략의 세팅을 마친 뒤 관련된 카페 커뮤니티에 글을 올리기 시작했다. 저마다 다른 사진과 내용으로 그 가게의 스토리들을 다양하게 써 내려갔는데, 특히 과거 양고기 식당 먹방 유랑을 통해 느낀 생각들을 이 집의 양고기 맛에 비견하면서 최대한 홍보를 했다. 어떤 요리도 마찬가지지만 양꼬치라는 건 먹어본 사람만이 그 맛을 알기 때문에 선입견을 버리고, 아직 접해 보지 못한 사람들까지 호기심을 가지도록 글 표현에 힘을 기울였다.

활성화된 카페의 장점은 즉각적인 반응이 나타나는 법. 글을 올리고 얼마 시간이 지나지 않아 바로 댓글이 달리고, 손님들의 발길이 이어진다는 소식을 받았다. 주인에게 올린 글의 내용을 알려주고 이에 걸맞게 손님들을 맞이해 달라는 요청을 했는데 한동안 연락이 없더니만 어느 정도 시간이 흐른 후 전화가 왔다.

그간 너무 바빠서 정신을 못 차릴 정도였다며 미안하다는 비명 아닌 비명을 질렀다. 의뢰인의 목소리에는 힘이 넘쳤고, 이제는 제법 그 동네에서 자리를 잡았다. 나는 다시 한 번 일에 보람을 가질 수 있게 되었다.

후미진 곳에서 스타가 된 실내 포장마차

카페 커뮤니티를 통한 마케팅에서는 간혹 이런 일들이 생긴다. 맛있다고 글을 올렸는데 그 밑에 '내가 가본 그곳은 영 아니다. 왜냐…'라는 태클 같은 댓글이 한 줄이라도 올라오면 카페 회원들은 그 내용을 읽게 될 것이다. 더군다나 그 댓글의 진원지가 카페에서 활동도 많이 하고 제법 알려진 인사라면 정말 곤란한 상황이 발생할 수 있다.

따라서 카페는 블로그보다 더욱더 신경 써야 하지만, 반대로 카페에서 호감을 얻게 되면 해당 카페 회원들은 당신의 가게에 큰 신뢰를 갖고 자생적으로 광고를 해주게 될 것이다.

이곳은 과거 내 집 근처, 그러니까 상권이라 부르지도 못할 주택가 골목으로 동네 미장원 정도만 있는 도로였다. 보통은 외부에서 식사를 마치고 귀가하는데 그래도 가끔은 친구들과 가볍게 식사를 하거나 술 한 잔을 하는 터라 이날도 적당한 식당을 찾다가 들어간 곳이었다.

우리 동네에 이런 곳이 있었나, 할 정도로 의외인 장소. 역시나 포장마차 탁자와 플라스틱 의자 몇 개에 주방까지 합쳐 25m²(약 7~8평)가량이나 될까 싶은 좁은 공간이었다. 손님이라야 그저 골목을 오가는 사람들이 전부인, 사실 이런 곳이 있는지조차 모를 정도로 존재감이 전혀 없는 공간이었다.

안주에 밥도 팔고 술도 파는 실내 포장마차였는데 오너의 요리 솜씨가 생각보다 괜찮았다. 가까운 데 이런 곳이 있었구나, 하며 업무와는 관계없이 순수 아지트를 만들어 보고자 했는데 술에 취한 친구가 내 직업을 얘기하면서 본의 아니게 마케팅을 하게 된 곳이었다.

실내 포장마차인지라 안주는 꽤나 자극적인 것들로 구성되어 있었다. 어떻게 보면 입맛 도는 요리라고도 하겠는데, 이 중에서 특히 눈에 띄는 요리 몇 가지를 선정하여 사진을 찍고 맛집 카페에 포스팅을 했다.

내용은 이렇다. 보통 안주라고 하면 작은 요리 개념이고, 따라서 양이 그리 많지 않은데 이 집의 안주는 '푸짐하다'가 콘셉트였다. 게다가 '맛있다'는 기본이라는 것. 굳이 비싼 돈 들여가며 사람 북적거리는 술집을 찾을 이유가 없다는 논리로 마음을 담아 포스팅을 했다.

메뉴 중 몇 가지를 촬영한 후 몇몇 카페 커뮤니티에 돌아가며 올리기 시작했다. 그리고 '무슨 동네 맛집'부터 시작해서 '2차로 좋은 식당' '빅3 메뉴 강력 추천' 등등 키워드도 다양하게 구사했다.

번화가가 아닌 변두리, 놀거리도 없는 곳인 만큼 타지에서 찾아오기는 적당하지 않지만, 부근에 사는 사람들이 내가 올린 글을 보고 방문하기 시작했다.

그러던 중 마침 어느 카페에서 다녀간 사람들의 후기를 본 후 이곳에서 카페 모임을 갖게 되었다. 좁은 공간이니만큼 실내는 순식간에 꽉 차버렸다. 사람들이 카메라를 들고 그 모임을 찍고 그것이 다시 카페에 전파되고… 결국 내가 올린 진정성 있는 포스팅 몇 개가 카페 회원들의 눈에 띄었고, 그것을 바탕으로 모임이 이루어지고, 덕분에 더 큰 홍보가 되었다. 이런 것이 바로 카페 커뮤니티의 힘이고 마케팅의 의외성이다.

사람들이 몰려들기 시작하자 오너는 내게 그간 관리하지 못했던 시설, 즉 인테리어 이야기를 꺼냈다. 정비를 해야 하지 않겠느냐는 오너의 질문에 나는 고개를 저었다. 오히려 이렇게 서민적인 풍경이 감성적으로 다가간다는 점을 강조한 것이다.

대신 벽면 몇 군데에 포스터를 붙이고 청소 정도만 하자고 했다. 인테리어를 해서 좋아지는 분위기가 있고 반대로 아니 한 것만 못한 곳도 있다. 새롭게 고치면 나쁠 것이야 없겠지만 선술집 개념의 실내 포장마차는 다소 비좁고 어수선한 분위기, 그저 이 자체만으로도 감성이 흘러넘치지 않는가.

하여튼 이후 이 가게는 대호황을 맞았고 카페 모임은 이곳에서 꾸준히 이어졌으며, 그 후기를 본 사람들과 신규 회원들까지 물밀 듯이 찾아왔다. 또 여기에 그 카페에서 글도 잘 쓰고 영향력이 있는 누군가가 어떤 메뉴를 꼭 먹어보라는 추천의 글을 장문으로 올리는 바람에 내버려두었으면 영영 아무도 모를 골목의 식당은 소박한 목표를 훨씬 뛰어넘는 부흥을 맞이하게 되었다.

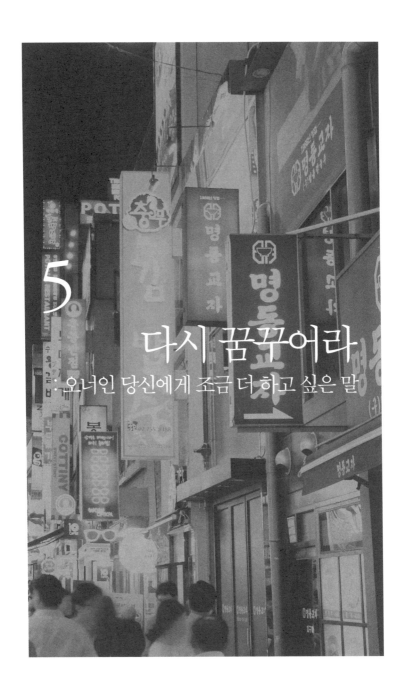

5

다시 꿈꾸어라

: 오너인 당신에게 조금 더 하고 싶은 말

그간의 실패와 악몽,
습관을
답습하지 마라

지금까지 매출을 올리는 방법론에 대해 이야기했다.

이 리뉴얼의 ABC를 그대로 따르고 하나씩 실천하다 보면 가게 상황은 점진적으로 좋아지게 될 것이다. 어떤 곳은 예상 외로 매출이 더 올라가는 경우도 있을 것이다. 그렇지만 여기까지가 이 책이 지향하는 목적이 아니다. 그리고 당신의 목표도 이것이 끝은 아닐 것이다. 왜냐하면 이것은 단지 한숨을 돌렸다는 정도를 의미하기 때문이다.

만일 당신이 흥해도 보고, 실패도 맛보았던 원숙한 경험을 가진 오너라면 이런 현상들에 크게 기뻐하지는 않을 것이다. 이건 잠시가 될 수도 있으며 언제든 매출은 다시 떨어질 수 있다고 생각하기 때문이다. 오히려 그것이 더 무서운 일이다. 진짜 중요한 것은 다시는 이런 실패를 반복하지 말아야 하는 것. 재차 강조해도 모자람이 없는 말일 것이다. 그렇다면 이제부터는 한 번 더 생각하고 새겨야 할 이야기를 해보겠다.

누군가 그랬다. 손가락을 볼 것이 아니라 손가락이 가리키는 방향을 보라고. 상담을 하면서 종종 맞닥뜨리는 것 중 하나가 광고를 할 때 맥이 아닌 껍질을 보는 것이다. 예를 들어 이것저것을 살핀 후 전단지 혹은 블로그로 홍보를 하라고 안내를 하면 돌아오는 답변은 '그런 거 해봤자 소용이 없다' 또는 '다 해보았다'라는 것이다.

당연하다. 했는데 결과가 안 나온다면 그걸 다시 하고 싶은 사람은 세상에 아무도 없을 테니 말이다. 하지만 그 사람들이 과거에 했던 광고 작업을 찬찬히 보고 있자면 정말 무슨 말을 해주어야 할지 난감한 경우가 많다. 세상에는 같은 재료로 요리를 해도 여러가지 결과물이 나오기 마련인데, 이게 진정한 요리사의 솜씨가 아닌가. 그럼에도 이걸 한데 묶어 똑같은 요리로 정의해 버린다면 과연 그런 사람에게는 어떤 방법을 알려줘야 할까? 이럴 때는 답이 없다.

전단지는 내용이 생명이며 온라인 마케팅 역시 콘텐츠가 핵심이다. 화가가 작품을 만들 때도 하나의 도화지 위에 어떤 그림을 그리느냐에 따라 그 작품의 값어치가 결정된다. 바로 이 내용을 만드는 능력이 전문가와 비전문가를 가르는 기준이 되는 것이다. 왜 이 사진과 글을 넣었는지, 컬러는 왜 이걸 선택했고, 왜 이렇게 구성했는지에 대한 연구는 하지 않은 채, 그저 전단지를 만들고 뿌렸다는 사실과 그 효과만을 이야기하는 어리석음은 범하지 말아야 할 것이다. 이렇게 한두 번 해 본 것만으로 된다, 안 된다 하고 판단 내리는 사람들을 볼 때마다 안타깝기 그지없다.

과거에 실패했던, 혹은 과거에 경험했던 악몽들은 더 이상 기억하지 말자. 나쁜 습관은 인정하고 또 다시 독이 되지 않도록 새로운 걸음을 내딛어야 한다. 세상은 급속하게 변하고 있으며 그에 따라 사람들의 인식과 수준 역시 높아져 간다.

고객과 시장 변화에 맞춰 전략적으로 마케팅을 펼쳐야 하고, 기획은 시대에 맞는 고민이 담겨야 한다. 장사가 안 되는 이유를 살필 때도 마치 우물 안 개구리처럼 스스로 자신의 틀을 정해 놓고, 그것만 해결하기 위해 애써 온 것은 아닌지 자문해 보자.

그렇게 해서는 성공을 거두기 어렵다. 그간 손가락이 가리키는 방향이 아닌, 손가락 끝만을 보아왔다면 앞으로는 좀 더 넓은 안목을 갖고 시대의 흐름에 대처하는 순발력 있는 자세를 가져야 할 것이다.

오랜 시간 이어지는
성공 동력,
우직한 소신을 발휘하라

1990년대 말. 이 책의 시작 부분에서 잠시 언급했던 내 친구는 커피숍을 운영했다. 그때 그곳도 사람들의 발길에 치일 정도로 거리에 많은 커피숍들이 있었다. 만만한 업종이 아니라는 뜻이다. 내 친구는 다른 업소들과는 다른 영업 전략을 구상했다. 그 전략은 다름아닌 '정도(正道)의 원칙'이었다.

계약을 한 가게는 번화가 메인 상권에서 1~2분 정도, 살짝 떨어진 곳이었다. 예산 문제도 있었지만 '투자=성공'이라는 공식이 어디에나 접목되는 것은 아니라는 생각으로 친구는 좀 다른 시각에서 사업을 바라보았다. 커피숍은 어느 정도 상권이 담보되어야만 가동률이 좋아진다. 그럼에도 없는 돈에 가게를 차리려니 그 심정이 오죽했을까.

우선 인테리어는 기존의 커피숍과 비슷했지만, 특별한 디자인을 주장하거나 트렌디한 메뉴들을 내세우지는 않았다. 단지 깔끔한 매장에 정성껏 만든 맛있는 커피, 손님을 향한 친절 같은 기본에 충실하고자 했다. 더구나 그때만 해도 커피 맛이 지금처럼 전문화되지 않았던 시절. 특별히 홍보를 하는 것도 아니어서 친구는 찾아온 고객들을 상대로 '입소문'을 노렸다.

그때 친구 가게의 콘셉트는 '조용히 이야기할 수 있는 쉼터'였다. 조용하고 청결한 분위기가 유지되는 환경을 만들어가겠다는 것이 그의 소신이었다. 당시만 해도 어느 커피숍이든 실내 흡연이 가능했고, 젊은 청년들이 삼삼오오 모여 앉아 흡연을 하는 일도 다반사였다. 그중에는 10대 청소년들도 적지 않았는데 정작 오너들은 매출을 생각해서 못 본 척 넘어가기 일쑤였다.

그런데 친구는 태클을 걸었다. 더구나 어린 손님이라면 반드시 자제시키거나 아예 퇴장시켰다. 흡연을 원하는 사람들은 별도의 좌석으로 안내하는 센스까지 발휘했는데 지금에야 이런 풍경들이 익숙하지만, 당시만 해도 정말 신선한 충격이었다.

설사 그 자리가 흡연석이라고 해도 왠지 어려 보이는 고객이 담배를 물면 친구는 다가가서 주민등록증을 요구했다. 게다가 조금이라도 소란스럽게 하는 손님이 있을 때는 가서 양해를 구하고, 그래도 고쳐지지 않으면 커피 값을 받지 않고 정중하게 돌려보낼 정도였다.

욕도 많이 먹었다. "뭐 이런 가게가 다 있어?" 하면서 심지어 침을 뱉고 나가는 손님들도 부지기수였다. 그럼에도 불구하고 친구는 그 원칙을 우직하게 지켜나갔다. 왜냐하면 조용하고 품격 있게 차 한 잔 마시면서 쉬어가고 싶은 공간, 그런 카페를 만드는 것이 꿈이었기 때문이다.

결과는 어땠을까. 소신 있는 주인의 마인드를 알고 난 후 손님들이 점차 늘어갔다. 만남을 위한 약속 장소를 정할 때 사람들은 보통 번화가 중심을 선택하기 마련이다. 그러나 정작 그런 곳에는 조용히 이야기할 수 있는 곳이 많지가 않다.

친구는 바로 이 부분을 생각한 것이다. 조용히 이야기하고 싶거나, 진짜 쉼을 즐기고 싶은 사람들은 앞뒤 가릴 것 없이 가장 먼저 이곳을 찾았다. 그러다 보니 담배 연기가 꽉 찬 시끌벅적한 커피숍과는 확실히 차별화된 장소로 등극할 수 있게 되었다.

약간 외진 곳이지만 기꺼이 방문할 수밖에 없는 곳. 주 고객층 역시 커피 한 잔 달랑 시켜놓고 몇 시간째 앉아 있는 사람들이 아닌, 좋은 매너를 가진 사람들로 채워졌다. 소비 수준도 매우 높은 손님들이 찾아오는 터라 객단가도 상당한 가게가 되었다. 또 위치상 임대료까지 저렴하니 돈을 버는 건 그저 시간에 비례했다.

메인 상권에서 단지 몇 걸음 옮기면 쾌적한 장소가 있는데 이걸 마다할 손님이 있을까. 또한 시끄럽지도 않고, 줄담배 때문에 고역스러워 하지 않아도 되니 더욱 좋지 않은가. 나부터도 고객의 마음으로 흔쾌히 찾는 곳이 되었다.

사업이 다 그렇듯 사실 모험이다. 친구는 처음 진상 손님들을 계속 내보내며 아무도 안 찾는 텅 빈 공간을 바라보는 게 무섭고 괴로웠다고 했다. 하지만 이런 모습들이 가게 수준을 올리고 여기에 맞게 수요층이 생기게 될 것이라 여기며 기다림을 가졌다.

이후 그런 원칙을 사업 곳곳에 활용하며 성공을 거듭했다. '저 곳은 저런 곳'이라는 확실한 콘셉트가 담긴 가게를 만들었고, 결국 호평을 얻게 된 것이다.

당신 역시 내 가게에 스스로 담고 싶은 것이 무엇인지 생각해 보라. 나의 식당이 어떤 모습으로 발전해 가기를 원하는지, 그 밑그림을 그려보라고 권하고 싶다.

바른 철학과 그것을 밀고 나가며 시류에 흔들리지 않고 멀리 내다보는 장사란 무엇인지, 깊이 생각해 보자. 단지 음식을 팔아 이윤을 남기면 그만이라는 생각으로는 긴 성공, 행복한 성공을 거두기 어렵기 때문이다.

'원조 맛집이
별거야?'
대범함을 가져라!

아귀찜의 원조, 냉면의 원조, 돈가스의 원조… 우리 주위에는 원조가 정말 많다. 원조란 무엇을 처음 시작했다는 의미인데 식당이라면 요리를 말하는 것이 되겠다. 하지만 원조란 게 대체 존재하기는 한 걸까? 원조라는 이름을 믿고 갔더니 맛이 별로라면 그건 아무 의미가 없다. 사람들은 특히 전통적인 요리를 먹으러 갈 때 세월에 따른 오리지널리티가 있는 곳을 신뢰하게 마련이다.

그것은 시작이며 현재까지의 역사인데 지금도 존재하고 있으니 '정말 맛있다'는 의미로 통한다. 하지만 그 요리를 처음 시작한 곳이 가장 맛있다는 공식이나 보장은 세상 어디에도 없다. 그건 그저 처음 무언가를 만들었다는 상징성일 뿐이다.

원조도 아니고, 역사도 별로 없는 식당이 맛있을 확률도 얼마든지 있다. 왜냐하면 원조보다 더 노력해서 경쟁력 있는 요리를 선보이고자 하는 오너들이 많기 때문이다.

사람들은 관념에 휘둘린다. 하지만 이것은 시장의 생리인 법. 언제나 역사는 1등만을 기억한다고 했던가? 그렇다면 2등은 아무 의미가 없는 법일까? 이런 논리라면 오직 1등만 장사를 해야 한다는 말인데 이건 옳지 않다.

일전에 어느 식당의 오너가 장사가 잘 되는 집의 1등 레시피를 카피한 후 더 좋은 인테리어와 서비스로 거듭났다. 그러고는 스스로 그 '원조'를 위협했다고 자랑을 하는 것을 보았다.

그는 원조 레시피의 비밀을 알아내기 위해 수없이 그 식당을 드나들었다고 하는데… 참으로 어리석고 바보 같은 짓이다.

이런 시간과 열정이 있다면 차라리 본인 식당의 요리에 전력을 쏟고 새로운 요리를 만들었으면 어땠을까? 그렇다면 진짜 1등이 되었을 텐데 말이다.

만일 지금 내가 김치의 원조라고 하면 사람들은 무슨 말을 할까? 아마 코웃음을 칠 것이다. 마찬가지다. 의미 없는 '원조' 문화는 이제는 지양돼야 하며 원조도 끊임없이 거듭나야 한다.

그래서 혹 '원조' 식당 부근에 가게를 오픈하게 될지라도 개의치 말라고 당부하고 싶다. 소담한 내 식당 옆에 어마어마한 규모의 원조 식당이 확장 입성했다? 기죽지 마라. 개의치 않고 자신만의 레시피로 정진하기를 바란다.

그래도 나쁘지 않은 건 이런 원조 타이틀에 휩쓸리는 숫자만큼이나 맛과 분위기를 찾아 식당을 선택하는 손님들도 많아졌다는 사실이다. 최근 조금은 성숙해진 외식업 시장의 단면이랄까. 원조든 뭐든 간에 사람들은 맛있는 걸 찾게 마련이니까.

요즘 들어 '신흥 맛집'이라는 말이 곧잘 들린다. 신흥 맛집이라는 단어는 호기심을 유발하는 젊은 어감에다 또 은근한 기대감을 부른다. 식당을 표현하는 타이틀은 이런 식으로 조금만 바꿔줘도 금세 훌륭해진다.

마케팅이란 바로 이런 것이다. 원조 맛집에 대항하는 신흥 맛집이 되면 그만이다. 규모로 어필하는 식당이 있다면 작은 고추의 매운맛을 보여주면 된다.

만일 맛은 자신 있는데 원조들에 둘러싸여 방향을 못 찾고 있다면 이런 바늘을 준비해야 한다. 타성에 젖어 팽팽해진 사람들의 인식을 한 방에 뚫을 수 있는 뾰족한 바늘 말이다. 그러면서 크게 한번 외쳐보자.

"원조? 그게 나랑 무슨 상관이야!!"

롱런하는
식당에는
스토리텔링이 있다

근래, 홍콩의 유명 배우 유덕화가 모델을 맡은 까르띠에 시계 광고를 보았다. 까르띠에는 명품이다. 이런 시계를 구입하는 고객들은 결코 제품의 성능에 대해 알고 싶어 하지 않는다. 제품 그 자체를 보고 구입하기 때문이다.

이 시계 광고를 보노라면 왜 이 제품이 값비싼 대가를 지불해야 하는지를 잘 보여준다. 홍콩의 이미지와 유덕화라는 배우에게서 풍기는 고급스러운 느낌. 열심히 일하는 모습과 여유 있는 이미지를 오버랩하며 명품 광고가 대개 그렇듯 성공한 남자의 삶을 관록의 브랜드인 까르띠에 속 스토리텔링에 잘 버무려내고 있다.

가끔 손님을 만나러 가는 곳 중 하나가 남산 하얏트호텔과 소공동 롯데호텔이다. 커피는 물론 식사도 하게 되는데 호텔 요리는 어디나 일정 수준은 하는 편이다. 그 맛에 대해 찬사를 보내려는 것이 아니라, 호텔이니까 크게 불편할 일은 없으므로 믿고 가는 것이다. 또 그렇기에 돈을 더 주더라도 이곳으로 약속 장소를 잡는 이유이기도 하다.

하얏트호텔은 남산 자락의 전망을 안고 있으며, 롯데호텔은 명동에서 여장을 풀 때 전통과 무난함이 공존하는 괜찮은 호텔이라는 이미지를 갖고 있다. 하나는 서울을 바라볼 수 있는 가슴이 탁 트이는 위치라는 것과 또 하나는 서울의 상징인 명동과 전통, 추억을 누릴 수 있는 곳이라는 점이다. 이런 것들이 이 호텔들의 스토리텔링으로 자리매김할 수 있는 것이다.

또 이곳에서 호텔 직원들의 행동을 엿볼 수 있었는데 체계적으로 교육을 받은 터라 크게 거슬렸던 적은 없었다. 접객 태도도 좋고, 언제라도 부를 수 있는 동선에 있었으며, 요리에 대해 잘 모르는 표정을 지으면 친절히 설명도 해주고 마주치면 짧은 목례도 건넨다. 즉, 이런 편안한 분위기를 손님이 느끼게끔 만드는 것이다.

물론 이런 느낌을 일반 식당에 적용하는 건 무리다. 그렇지만 오너의 마인드에서부터 요리 철학, 고객들을 향한 유·무형의 서비스 등등. 작지만 은은하고 정서적인 메시지가 필요하다.

당신이 판매하는 요리를 홍보할 때, 만일 고급 콘셉트를 갖고 있거나 다른 식당의 메뉴군과 차별화를 원한다면 요리 자체에 대한 구구절절한 설명은 생략하는 것이 좋다. 차라리 아무 설명도 하지 않는 편이 낫다. 이곳은, 이곳의 요리는 마치 그럴 것 같은 분위기를 조성해야 한다. 별 다른 말을 하지 않아도 손님들 스스로 느끼게 하는 것이 좋다는 뜻이다. 까르띠에가 하는 시계 광고처럼 말이다.

반면 대중적인 요리를 파는 일반 식당이라면 가급적 구체적으로 광고하는 것이 좋다. 이런 공간은 무장 해제를 하고 편하게 머물겠다는 암묵적 약속을 하고 찾는 곳이므로 어떤 것이 우리 가게의 자랑이라는 점을 노골적으로 알려도 된다.

더불어 특별한 비법의 메뉴군이 아니라면 요리 외에 가게의 흥미로운 이야기를 부여하면서 가치를 높여나가는 것이 좋다. 이런 것이 바로 작은 가게의 스토리텔링이라고 할 수 있다.

촛불 조명, 부모님에게 비법 전수, 낚시 전문가, 유학 시절 요리 섭렵, 맛집 블로거 출신, 간판 없는 식당. 이런 것들이 바로 독립 식당의 스토리텔링으로 다듬어질 수 있는 소재라고 해도 좋을 것이다.

사람들이 나타내는 스토리텔링에 대한 관심과 반응은 뜨겁다. D 그룹의 K 회장이 다녀가면서 유명해진 '부자 피자'나 간판도 없이 깃대 하나만 꽂고 창신동 꼭대기에서 장사하며 사람들에게 불린 명칭이 가게 이름이 된 '깃대봉 냉면', 영국 이코노미스트 특파원으로 한국 맥주 맛에 신랄한 비판을 가하며 유명해진 후 아예 가게를 차려서 화제가 된 '더 부스' 등, 이렇게 알려지고 성공한 식당들 중에는 자의 반, 타의 반 이런 맥을 짚은 경우가 많다.

그러므로 내 가게에는 어떤 흥미와 재미있는 스토리를 녹여볼 것인가에 대해 연구하고, 이런 포인트들을 잘 활용하여 당신의 가게를 상상하게 만들어라!

"큰 것은
즐거움을 주지만
작은 것은
감동을 준다."

보기 좋은
떡에서 이야기가
시작된다

"맛집은 많은데 맛있는 요리가 없다."

요즘 이런 말을 많이 듣는다. 그만큼 맛집이란 이름이 남발되고 있고, 맛의 평준화가 일정 부분 이뤄져서 보통은 그만그만한 맛이라는 뜻이기도 하다. 그래도 명색이 맛있는 식당이라면 무언가가 달라야 한다. 게다가 맛의 평준화가 이뤄진 시절이라면 어떻게 경쟁해야 할 것인지에 대한 고민을 거듭해야 한다.

식사는 기대감에서 출발한다. 밤늦게까지 불이 켜진 주방. 남과 다른 것을 연구하고 밤낮으로 요리를 손보거나 소스들을 개발하려는 노력을 기울인다면, 이 모습을 발견한 사람들은 그 식당을 다시 보게 될 것이다.

이런 노력이 거듭된 요리는 맛이 없을 리가 없다. 하지만 이런 내용을 고객들이 모른다면 요리가 아무리 뛰어나다고 해도 미식가를 제외한 대중들은 그 맛을 이해하지 못하는 맹점이 있다. 그렇다면 과연 어떻게 해야 이 멋진 요리를 손님들에게 잘 인식시킬 수 있을까?

우선 맛이 흠잡을 데가 없다고 판단되면 요리의 비주얼을 살펴보자. 요리가 가진 매력, 재료의 핵심이 외견상으로 잘 표현되었는지를 보고 정말로 먹고 싶은 생각이 들게 하는 모양새인지 점검해 보아야 한다.

손님은 당신이 자랑하는 요리의 탄생 배경을 알 길이 없다. 또 그것을 이해할 여력도 없다. 따라서 중요한 것은 처음, 손님과 요리가 마주하는 순간에 사활을 걸어야 한다. 바로 이 시점이 기대와 설렘을 가지게 하고, 요리에 대한 이야기를 꽃피울 발화점이 되는 것이다. 이후 자연스럽게 당신이 전하고픈 이야기를 들려준다면 손님은 그 식당을 절대 잊지 못하게 된다.

식당 관련 업무를 하다 보면 의외로 비주얼에 신경을 안 쓰는 곳이 많다. 현재 장사가 안 된다면, 또 신메뉴를 개발하였다면, 정성을 다해 요리를 꾸며보자. 모양새가 잘 나온 밥상은 이미 반 이상은 먹고 들어가는 셈이다.

아무리 맛이 좋더라도 사람들은 보기 좋은 떡에 더 후한 점수를 주기 마련이다. 마침 비슷한 메뉴를 파는 인근 식당의 요리 모양새가 더 좋다면 당신의 식당은 상대적으로 더욱 빈약한 느낌을 주게 될 것이다. 이건 치장을 더하라는 뜻이 아니라 요리의 특징을 살리고 어떻게 해야 더 기대감을 줄 수 있는지의 문제다.

부각이 될 만한 식재료를 좀 더 올린다거나 의도적으로 외부로 드러나게 할 수도 있다. 또한 그릇이나 수저, 포크 같은 커트러리(Cutlery)와 테이블 디자인도 요리를 더욱 값어치 있게 만든다는 것을 잊지 말자.

식사는 눈을 감고 하지 않는다. 거듭 말하지만 인간은 보이는 것에 반응하고 웬만한 단점조차 너그럽게 수긍하고 가려지게 하는게 이 비주얼의 힘이다.

따라서 눈에 비치는 모든 것을 소홀히 하지 말자. 이후 요리의 포인트를 나타내는 간결하고 상냥한 설명, 식감은 어떤지, 간은 적당한지 요리 자체의 만족감과 이외에 다른 불편한 점들은 없는지 등 질문과 보완을 해 나간다면 사람들이 인정하는 진짜 맛집으로 거듭나는 것은 시간문제일 것이다.

낙심은 독,
자신 있게
어필하라!

지인의 소개로 지방 도시의 한 고기 식당에 들른 적이 있었다. 맛있다는 말을 수없이 들었지만 거리상 미루고 미루다 찾아간 곳이었다. 메인 상권에서 한참이나 들어간 후미진 골목. 가게는 작고 참으로 허름했다. 게다가 사장은 마른 외형에다 웃음기도 없는 건조한 인상이었다.

'어, 이래서는 안 되는데… 활짝 웃으며 손님을 반겨야 하는데…' 이런 생각을 하면서 자리에 앉아 음식을 주문했다. 그런데 음식을 먹기 시작하면서 반전! "맛있다!" 나도 모르게 튀어나오는 탄식. 기가 막힐 정도로 맛있는 고기 요리였다. 입소문이 난 집들은 대개 맛이 보장되는 편이지만, 이곳은 비슷한 고기 식당들 중에서도 탁월한 맛을 보여주고 있었다.

한데 한편으로 이 집은 참 의아한 구석이 많았다. 우선 손님을 썩 반기지 않는 듯한 오너의 무미건조한 얼굴이 그랬고, 특히 오너의 겸손? 혹은 자신감 부족? 이런 것들이 보였다. 그도 그럴 것이 오너는 자기 식당에 대한 자신감이 전혀 없어 보였다.

그저 손님이 부를 때만 로봇처럼 움직이는 지나치게 소심한 모습이었다. 대화를 하면서 이렇게 된 이유를 알기 시작했다. 살긴 살아야 하고 자금이 부족해서 가게 터도 안 좋은 곳에 잡고, 기본적인 인테리어도 못한 채 장사를 시작했는데, 여기에 홍보의 개념도 방법도 몰라 갈수록 가게는 악순환을 되풀이하고 있던 상황이었다.

"열심히 하다 보면 언젠가는 알아주겠지요"라고 말하는 오너의 모습이 짠하고 안타깝게 느껴졌다. 사실 나는 직업상 이런 상황에 놓인 사람들을 많이 만나다 보니 새삼스럽지는 않았지만, 그럼에도 이런 분들을 마주할 때마다 마음이 좋지는 않다.

누군가가 알아주는 일도 결국 흐름을 타야 한다. 지금은 무엇이든 적극적으로 알리는 홍보의 시대다. 끈기로 묵묵히 일하는 것도 좋지만, 내 가게의 장점에 대해 알리지 않는 건 오너의 큰 실수라고 할 수 있다.

그나마 임대료가 저렴해서 버티고 있지만, 어쩌면 몇 달 후에 찾았더라면 그 가게는 만나지 못했을지도 모르겠다. 맛이 없다면 그 해법부터 찾아야 하는데 이 가게의 경우는 거칠게 없었다.

그래도 거의 투신하다시피 메뉴의 정비 작업을 마치고, 소자본으로 할 수 있는 인테리어 방법을 적용한 뒤 홍보 마케팅을 진행해 나갔다. 그렇다면 결과는?

오너의 카카오톡 프로필에는 맑게 갠 날씨같이 활짝 웃는 사진과 함께 '대박'이라는 단어가 걸려 있었다. 장사가 잘 돼 자신이 생겼다는 것이다. 훌륭한 맛에 입소문이 나고 실제로도 정말 맛있으니 재방문을 안 할 이유가 없었다. 이후 감사의 전화를 수차례 받았는데 일을 떠나 이런 경우 나 역시 큰 보람과 감동을 얻는다.

손님이 떨어지기 시작했다면 그 이면에는 분명 이유가 있다. 그러나 낙심하지 말자. 문제가 있다면 풀어야 하고 모든 문제에는 답이 있는 법이다. 이를 빨리 직시하고 발견한다면 그런 문제들은 허공으로 퍼지는 연기같이 풀리게 되어 있다.

여기서 한 번 더! 막연한 긍정보다 위축된 마음은 더 큰 독이다. 절대 낙심하지 말고 앞으로 나아가자. 된다. 될 수 있다!

대박보다
꾸준한 성공이
더 어려운 이유

아마도 오랜 기간 외식업을 해본 사람들은 잘 알 것이다. 요리의 품질 유지와 직원 관리가 얼마나 어려운지 말이다. 외식 프랜차이즈의 경우 잘 짜인 시스템을 갖춘 다국적 브랜드나 몇몇 대기업을 제외한, 신흥 외식 업체나 군소 외식 회사들이 특히 그렇다. 요리의 퀄리티 유지와 직원들의 이동으로 고민하는 곳이 많은 게 현실이기 때문이다.

상당수의 고객들이 프랜차이즈는 본사에서 제공하는 동일한 재료와 레시피를 요리에 적용할 텐데 왜 가는 식당마다 맛이 다를까? 라는 물음표를 던진다. 그것은 시스템에 의해 움직이는 것은 맞지만 기계가 아닌 사람이 요리를 하고, 손님을 맞기 때문이다. 그래서 가맹점마다 조금씩 다를 수밖에 없다.

인간은 감정을 갖고 있으며 원칙을 부여해도 종종 기분이나 상황에 흔들리는 존재다. 아무리 교육을 잘 시킨다 해도 엉뚱한 방향으로 흘러갈 가능성이 있는 것도 그 때문이다.

큰 외식 업체도 이러한데 작은 식당이야 오죽할까? 어떤 사람들은 작은 식당이라면 그만큼 관리가 쉬우니 시스템 유지가 잘 될 것이라고 생각할 수도 있다. 하지만 그건 정말 잘 모르는 소리다. 어느 조직이나 사업장이든 내·외부적인 문제가 있게 마련이다. 눈에 보이는 일부터 개인적인 문제까지 말이다.

그리고 이것은 그대로 사업장에 영향을 미치는데 중소 자영업이라면 그 피해는 더욱 심각하다. 실제로 식사를 하고 종업원과 마주하는 고객들, 특히 오픈 초기부터 드나들었던 손님들은 그곳의 미세한 변화까지 놓치지 않고 감지한다.

평이 좋았던 식당이라고 해도 1~2년이 지난 후 방문한 리뷰를 보면 변했다느니, 돈을 벌어 기름기가 흐른다느니, 하는 악평이 쏟아지는 경우를 볼 수 있다. 느낌이란 건 상대적인 것이지만 이런 평가들이 주류를 이룬다면 그건 분명히 해당 식당이 안 좋아졌다는 증거다. 이는 언제나 변함없는 맛과 서비스를 유지하는 일이 쉽지 않다는 걸 말해 주는 대목이다.

당신의 가게가 기사회생하고 다시 성공했다 해도 유지 관리가 잘되지 않는다면 향후 또 재앙을 맞을 수 있다. 오히려 더 크게 무너질 가능성이 있다는 뜻이다. 그러므로 리뉴얼을 통해 회복세를 탔다면 더욱 겸손하고 끊임없이 노력을 더해야만 한다.

사업에 있어 자만은 절대 금물이다. 힘들었던 시간을 되뇌며 요리 및 서비스 관리와 교육, 시스템을 꾸준히 살피고 고민해야 한다. 그래야만 지속적인 성공이 가능해진다.

손님을 불러오는 것보다 온 손님들을 재방문하게 하는 것이 더 어려운 법이다. 게다가 한번 마음이 바뀐 손님들은 다시는 그 가게를 찾지 않는다. 그리고 진짜 더 무서운 것은 이 사람들이 널리 소문까지 내버린다는 사실이다. 단지 이런 손님들이 당신의 가게를 찾지 않는다고 해서 인연이 아니라고 생각하는 사람도 있을까? 그 사람들이 당신의 가게에 가지 말라고 노래를 부르고 다니는 걸 안다면 아마도 몸서리가 처질 것이다.

이것은 훌륭한 홍보 맨을 내치고 또 앞으로 얻게 될 수많은 기회를 잃게 되는 것이다. 그들은 나와 나의 가족에게 월급과 생활비를 주는 사람들이다. 언제나 자만하지 않고 스스로를 보듬고 정신 무장을 해야 한다. 경계, 경계, 또 경계하자. 내 식당 안에서 벌어지고 있는 모든 일들에 대해서 말이다.

트렌드에 따라
움직이는 고객들을
붙잡는 비결

트렌디한 메뉴를 선보이는 식당을 보면, 예외는 있겠지만 식당의 수명 주기를 보통 오픈 후 1년 즈음에 정점을 찍고 2~3년 정도로 예상한다. 이것은 과열된 우리나라의 사회적 특성에서 비롯된 것인데, 원하든 원하지 않든 사람들은 이런 현상과 외식업의 변화 패턴에 익숙해졌다는 걸 의미한다.

어쨌든 현재 식당을 잘 유지해야 하는데 문제는 부근에 새롭게 오픈하는 식당들이다. 특히 이 중에서 대형 프랜차이즈라는 브랜드를 걸고 입점하는 가게들은 신개념 메뉴와 함께 기존의 그것보다 더 나은 요리를 내세우기 마련이다.

아무리 당신 가게를 찾는 단골이 많다 해도 호기심에서라도 그런 곳을 찾을 수밖에 없다. 그런데 그 요리들이 입맛에 맞아떨어진다면 당신의 가게로 올 빈도는 확실히 줄어든다. 이렇듯 치열한 전쟁과 같은 외식업을 하면서 고객들을 잡는 방법은 독보적인 메뉴와 유지, 거듭나는 변화뿐이다.

독보적인 요리. 말처럼 쉬운 일은 아니다. 하지만 일단 만들어놓고 맛을 유지한다면 어느 누구도 범접하기 어렵다는 이점이 있다. 예를 들어 냉면 식당 중 유명한 을밀대, 오장동 함흥냉면, 우래옥 같은 식당들은 세월이 지나도 인산인해다.

물론 이 식당들의 역사나 스토리텔링 등 여러 요인이 요리와 부합되기는 했겠지만, 대체로 한결같은 맛을 내고 있으며 또 그 맛을 잊지 않고 찾게 하는 것이다.

또 하나 나의 거래처 중 실 평수 17m²(약 5평)짜리 작은 공간에서 하루 매상을 70만원 이상 올리는 곳도 있다. 인테리어는 전무! 부동산 사무실을 인수받아 단지 테이블 몇 개만 놓고 운영하며 월세는 1백만원이 채 안 된다. 5평에 하루 70만원 매출. 몇 가지뿐인 메뉴를 기막힌 맛으로 판매하는 것이 가장 큰 이유다.

장사를 하고 있다면 이게 얼마나 엄청난 일인지 잘 알 것이다. 이런 곳이 바로 독보적인 식당이다. 물론 레시피를 만든다는 것 자체는 어려운 일이지만 못 만들 것도 없다는 자신감을 갖자. 그리고 꾸준히 파고들다 보면 당신의 요리라고 해서 그런 성과를 낳지 못할 이유가 없는 것이다.

독보적인 메뉴에 이어 끊임없는 변화 또한 고민해야 할 부분이다. 메뉴를 늘리거나 하지 않더라도 기존 메뉴의 맛을 유지하고, 꾸준히 업그레이드하면서 내 식당만의 개성을 확실하게 잡아야 한다. 여기에는 한 가지 단서가 붙는데 신메뉴를 선보일 때는 기존의 메뉴를 확실히 뛰어넘는 맛이어야 한다는 것. 그저 그런 요리라면 오히려 기존의 메뉴까지 피해를 입힐 가능성이 크기 때문이다.

인간의 입맛은 다른 감각 기관에 비해 무척 예민한 편이라 한번 먹고 느낀 맛은 자신의 미각 세포에 저장된다. 이렇게 기억되는 맛이 다음에 들렀을 때 조금이라도 다를 경우 단번에 알아차리게 된다. 이런 점을 파악하고 현재 메인 요리의 맛을 제대로 유지하면서 지금보다 더 나은 맛을 찾기 위해 꾸준히 노력해야 할 것이다.

이와 함께 메뉴의 다변화 역시 시도해야 할 작업이다. 단지 매출을 올리기 위해서가 아니라, 메인 요리 이외에 한두 가지 부동의 맛을 가진 요리가 있어야 고객들의 마음을 사로잡을 수 있다는 뜻이다. '당신은 아무 데도 갈 수 없어!' 하면서 발을 묶어 놓을 비장의 무기가 한두 가지쯤은 더 있어야 안심할 수 있기 때문이다.

책을 마무리하면서 새삼 다시 메뉴에 대한 이야기를 하는 것은 식당 운영에 있어 메뉴는 절대적이기 때문이다. 알차게 짜인 메뉴, 신선하고 좋은 식자재와 정성을 담은 요리는 외면 받을 이유가 없다.

당신의 생각이 이런 진리에 접근하고 깨닫게 된다면 빠르게 변하는 트렌드와는 상관없이, 언제나 사람들에게 회자되고 사랑받는 식당이 될 수 있을 것이다.

회생의
골든 타임을
놓치지 마라!

세상은 변화하며 우리의 인생 여정은 다 때가 있다.

질환을 방치하던 중 말기 암을 선고 받거나 전도유망한 기업이 예기치 못한 유동성을 타개하지 못하고 사라지는 일을 보았을 것이다. 가게의 회생도 이 '골든 타임'을 놓치면 안 된다. 아무리 좋은 방법이 있어도 적절한 시기를 맞추지 못하면 무용지물이 되기 때문이다. 그렇다면 외식업 회생에 있어 가장 좋은 타이밍은 언제일까? 실제로 이것은 이 책의 목적보다 더욱 중요한 문제라고 할 수 있다.

사실 장사가 안 되는 가게 중 상당수가 이런 위기를 잘 인식하지 못하는 경우가 많다. 잠시 어려운 것이겠지, 혹은 이런저런 시도를 하다 결국 자책이나 경기 탓으로 돌리고 특별한 대책 없이 지내는 곳이 대부분이다. 그런데 문제는 이렇게 우물쭈물하는 동안 직원을 내보내거나 임대료가 밀리는 등 온전한 운영 자체가 어려운 상황을 맞이하게 되는 것이다.

과거에 비해 현재 매출이 계속 하향세를 타고 있다면 막연하게 기다려서는 안 된다. 지금은 사회적, 환경적으로 좋아질 만한 호재가 보이지 않기 때문이다. 무언가 안 좋은 신호가 온다면 또 악순환이 반복되고 있다면 그 고리를 끊어낼 결단을 내려야 한다. 언제나 경각심을 갖고 이에 대한 자각은 빠르면 빠를수록 좋다. 특히 가게를 오픈하고 지금까지 혹은 최근 6개월 동안 유의미한 매출이 오르지 않았다면 그건 이미 예정된 수순을 밟고 있다는 걸 의미한다. '이래가지고는 안 되겠다'라고 결심하는 시점은 최대한 빠를수록 좋고 '어떻게든 되겠지'라는 생각은 정말 무서운 독약이다. 왜냐하면 이제부터는, '어떻게든 안 되기 때문이다.'

'호미로 막을 일을 가래로 막는다'라는 말이 있다. 지금 할 수 있는 일을 시간이 흘러가면 못 한다는 뜻이다. 이것은 더 힘겨워진다는 걸 의미하며 그때는 개선에 대한 지혜와 용기가 사그라들고 결국은 아무런 일도 못하는 상태까지 다다르게 된다.

종종 처음 상담 후 변화의 타이밍을 놓치고 돌고 돌아 마지막에 다시 연락하는 사람들이 있다. 결론부터 말하면 불과 몇 사람 외에는 대개 폐업을 한다. 전에 손써야 할 것들이 눈덩이처럼 커져 결국 아무것도 못하는 사태를 불러오고 만 것이다. 충분히 불씨를 살릴 시간들이 있었는데 안타깝기 그지없다. 여기엔 오너의 마인드 문제도 크다. 부디 이런 우를 범하지 않기를 바란다.

또한 임대료가 밀릴 즈음이라면 그야말로 비상 상황이다. 실제 이런 가게들이 비일비재하며 이 중 많은 사람들이 가게를 접을까, 라는 생각을 잠재적으로 갖는다. 이건 마음의 여유를 찾기조차 어려울 정도로 이미 멀리 건너온 상태다.

하지만 현재 이 가게라는 공간이 있다는 건 그래도 나쁘지 않은 상황이다. 만일 여기를 접고 다른 데서 돈을 벌거나 조달해서 새로운 가게를 차리려 한다면 몇 배의 시간과 돈이 더 들어가게 마련이다. 따라서 당신은 어리석은 생각은 당장 버리고 더 어려워지기 전에 미리미리 해결책을 찾고 리뉴얼 작업에 들어가야 한다.

식당의 회생 작업은 창업 컨설팅과는 그 차원 자체가 다르다.

나 역시 창업 컨설팅을 하고 있지만 식당 회생이란 창업과는 전혀 다른 상황에서 헤쳐 나가는 일이다. 창업은 운용할 수 있는 자금이란 '실탄'이 이미 준비된 상태다. 즉, 회생과는 일의 시작점 자체가 다르다는 말이다.

리뉴얼은 충분한 안내를 통해 먼저 오너의 이해를 돕는다. 또 한편으로는 가족과 조직원들의 협조가 이루어져야 하는데 여기에는 복잡하게 얽히고설킨 일들을 풀어내야 하는 경우도 있다. 만일 어떤 식당이 주방장이 키를 쥐고 있고, 오너의 장악력이 약하다면 일 추진이 제대로 안 될 수도 있다. 또 별도의 이유나 사람 간의 관계 때문에 시간이 지체된다면 몇 배의 에너지와 비용이 들어가게 된다. 식당의 회생이란 이런 변수와 악재들을 제거하며 녹록지 않은 여건 속에서 진행하는 것이다.

그러므로 오너의 확고한 결심 아래 목적과 비전을 공유하고 구성원들이 똘똘 뭉쳐 리뉴얼을 추진해 나가야만 한다. 사람은 의지와 에너지가 있을 때 무언가를 받아들이거나 살필 여력이 있게 마련이다. 따라서 반드시 미리 대비하는 마인드로 이런 골든 타임을 놓치지 않고 멋지게 재도약하기를 바란다.

"하늘을 올려다 보라.
당신이 아래를 보고 있다면 결코
무지개를 볼 수 없다."

———

찰리 채플린

변두리 골목 상권을 평정한 피자 가게

의뢰인은 이면 도로에서도 더 들어간 길목에서 피자 가게를 운영하고 있었다. 주위에 초등학교와 아파트 단지가 있기는 하지만 밤 8시만 지나면 쥐 죽은 듯 고요한 거리였다. 40m²(약 12평)가량의 가게. 포장과 배달을 주로 하는 곳이라 홀에는 테이블이 거의 없었는데, 그나마 좌석 주위에는 각종 식재료들과 피자 박스, 부자재 같은 것들이 쌓여 있어 마치 창고 같은 인상을 풍기고 있었다.

초반에는 장사가 되는가 싶더니 이내 매출은 계속 떨어졌다. 맛에도 자신 있었고, 피자도 6천~9천9백원으로 저렴하게 판매하고 있었지만 소용없다고 했다. 주위를 둘러보니 아니나 다를까. 배달 영업을 하는 또 다른 피자 가게들이 포진해 있었다.

후미진 골목 느낌이 연상되는 촌스러운 전단지, 눈에 띄지 않는 현수막, 모든 것이 문제였지만 맛과 가격이 합리적이니 콘셉트만 잘 잡아 정비하면 가능성이 있겠다고 판단되었다. 곧바로 전체적인 분석에 들어갔다.

피자 맛을 모르는 사람이 있을까? 치킨, 자장면과 쌍벽을 이루는 메뉴가 피자다. 하지만 이런 이유로 우리 주변에는 피자 가게들이 너무나 많다. 정말로 많다. 이런 정글에서 살아남으려면 무엇을 어떻게 해야 될까?

그곳에서 먹어본 피자 맛은 무난했다. 좋지도 나쁘지도 않은 맛. 피자란 게 그만큼 평준화되어 있어 맛의 우열이 분명하지는 않지만 이만한 가격대에 이만한 맛이라면 점수를 주고 싶었다. 의뢰인의 주장대로 재료를 아끼지 않은 까닭이다. 따라서 박리다매 전략으로 가야 하는데 그렇다면 무조건 많이 팔아야 남는 구조가 된다.

또 요즘은 피자의 토핑도 기발하다. 세상의 모든 식재료는 다 들어가는 것 같으니 말이다. 베이컨, 양파, 치즈, 피망, 버섯부터 초콜릿이나 치킨, 불고기, 김치까지 없는 상황이 아닌가. 맛도 그렇지만 외형도 중요한 만큼, 저마다 변형된 스타일의 피자들을 선보이며 고객들을 유혹하고 있는 것이다.

어쨌든 이런 상황에서 가게를 어떻게 뜯어고쳐야 할까 생각한 끝에 피자는 맞지만 조금은 다르고 먹기 편한 요리로 변형시켜 보기로 했다. 기존에 있던 피자도 좋겠지만, 다른 가게들도 엇비슷한 맛과 가격을 내세우는 만큼 토핑의 변화 정도가 아니라 아예 다른 개념으로 접근하기로 했다.

바로 '말아 먹는 피자'. 새롭게 잡은 콘셉트다. 사실 말아 먹는 피자는 몇몇 회사들이 시도한 사례가 있지만 이런저런 사정으로 시장에서 반향을 불러일으키지 못했다. 그런데 이곳은 아파트와 초등학교라는 주변 환경이 갖춰져 있으니 한번 해볼 만하다는 판단이 섰다.

말아 먹는 피자는 그리 눈에 띄는 아이템이 아니다 보니 호불호가 갈릴 수도 있었다. 따라서 기존에 판매했던 피자 중 잘 나가는 것만 추린 후 말아 먹는 피자에 집중했다. 피자 종류도 중요하지만 팔리지 않는 메뉴라면 과감히 삭제해야 한다.

그런데 말아 먹는 롤 피자라고 해도 실제 그것을 말거나 접는 일은 결코 쉽지 않았다. 많은 실험 끝에 결과물이 나왔으며 맛도 맛이지만, 호기심이 생길 수 있도록 비주얼에 특별히 신경 썼다. 멕시칸 요리 재료인 또띠아를 도입, 기존 메뉴에서 변형된 타코 피자도 만들었다. 토마토, 양파, 치즈, 닭 가슴살, 각종 채소에 살사소스를 넣어 타코 느낌이 물씬 나도록 했다.

학생, 주부층이 많은 상권 입지에 맞게 산만하던 실내도 산뜻하게 정리하고, 강렬한 레드 컬러로 벽과 간판 일부를 손질한 후 가게 전면의 파사드 디자인도 교체했다. 피자 사진과 일러스트레이션 이미지를 더해 누가 봐도 새로운 가게처럼 느껴지게 단장했다.

롤 피자와 타코 피자, 일반 피자들의 맛을 잡은 뒤 롤 피자를 메인으로 하고 나머지는 서브 메뉴로, 언제 어디서나 간편히 먹는 피자라는 콘셉트를 세웠다. 또한 테이크아웃이 가능하도록 패키지 디자인을 하고 가게 전면에 부착된 메뉴 사진은 롤 피자를 큼직하게 넣어 호기심을 유도했다.

이미 저렴한 가격이지만 여기에 세트 메뉴군을 만들어 할인 폭을 넓히면서 동시에 전체 객단가를 올리는 전략을 짰다. 음료까지 합하면 1만원이 조금 넘는 금액. 2인분으로는 조금 적고 따라서 1인분을 더 시키도록 유도하는 세밀한 전략이었다. 결국 한 집에서 주문 시 2만원에 가까운 객단가가 나오도록 유도한 것이다.

결과는 전보다 매출 기준이 확실히 올라갔다. 그렇지만 다른 프랜차이즈 피자와 비교해 볼 때 그 합이 더 이상 비싸지지 않게 가이드라인을 그어 저렴하면서도 풍성하게 즐기는 피자 가게라는 이미지를 만들어갔다. 이벤트의 경우 1+1이나 할인도 생각했지만, 골목 상권의 특징상 너무 무리할 필요는 없을 것 같아 음료 서비스 정도로 마무리 지었다.

대략 이렇게 세팅한 후 전단지를 제작했다. 전단지도 메뉴 사진을 다소 과하게 느껴질 정도로 크게 잡고, 피자 사진 위로 '언제 어디서나 즐기는 피자'라는 카피를 얹었다. 특히 전단지는 앞뒤를 동일하게 디자인했다. 앞에도 롤 피자, 뒷면에도 또 다른 롤 피자. 여타 피자집에서 판매하는 메뉴 나열식의 구성을 배제하고, 하단에 작은 글씨로 다른 메뉴들을 배치한 것이다.

이렇게 작업한 이유는 역시나 전문적이라는 느낌과 리뉴얼된 메뉴를 부각시키기 위해서였다. 또한 길거리에서 버려지는 확률이 높은 전단지의 특성상 혹시 버려지더라도 어떤 면을 보든 확실히 이곳의 피자가 어필되도록 계산한 것이었다. '앞뒤가 똑같아? 혹시 인쇄가 잘못된 게 아닌가?' 하며 한 번 더 전단지를 들여다보도록 하는 전략도 숨어 있었다.

전단지는 주로 학교 앞이나 골목 진입로에서 주택가 방향으로 들어오는 사람들에게 집중적으로 배포했다. 마치 음식 백화점같이 메뉴들이 나열된 전단지만 보다가 피자의 비주얼이 크게 자리 잡은 광고를 접한 사람들은 꽤나 인상적인 반응을 보였다. 단 한 장의 사진만으로도 먹고 싶게 만드는 광고. 이 전략이 통한 셈이다.

사실 중소 자영업자들은 이런 전략적인 광고를 생각하거나 만드는 엄두를 내기 어렵다. 또 받는 사람들도 보편적으로 익숙한 광고물만 접해 온 터라 이 전단지는 사람들에게 신선하게 다가갈 수 있었다.

어쨌든 입체적인 전략과 노력으로 가게는 성업을 이루게 되었다.

사람들은 줄을 이었고, 급기야 그 골목에서는 저마다 롤 피자와 음료를 들고 다니며 먹는 진풍경이 연출되었다.

여기에 그치지 않고 한두 번 맛을 본 사람들의 입소문으로 배달 주문까지 늘어나기 시작했다. 게다가 배달을 기다리는 게 싫어 테이크아웃을 하는 사람들도 점점 많아져 기획 단계에서는 크게 생각지도 않았던 것이 캐시카우(Cash Cow - 수익 창출원, 주가 되는 매출 상품)가 되어버렸다.

물론 테이크아웃에 있어 할인 정책을 펴긴 했지만 시간이 지나면서 배달 주문보다는 매장에서의 매출이 더 커지게 되었다. 즐거운 비명을 질렀던 사례. 그야말로 완벽한 리뉴얼이었다.

롤러코스터 끝에 안정을 찾은 돈가스 전문점

주상 복합 상가 2층에 있는 돈가스 식당. 신도시 번화가지만 상권은 오래전에 자리를 잡은 상태였다. 있을 만한 식당들은 전부 들어차 있는 상황. 먹자골목의 끝자락에 위치한 이곳은 오래된 거리만큼 진입 계단부터 그 세월이 느껴졌다. 간판은 햇볕에 바랬으며 홀 안의 벽이나 바닥, 테이블 등 모든 게 낡고 허름했다.

132m²(약 40평)의 적지 않은 평수지만 마치 오래된 유적지를 보는 것 같았다. 상담을 하다 보면 이렇듯 유지 보수가 전혀 되지 않은 곳이 아주 많다. 이런 상황은 오래된 가게에서 풍기는 세월의 흔적과는 다르다. 그저 지저분하다는 느낌만 들 뿐인데 누가 이런 곳을 찾으려 하겠는가? 장사가 안 되니 힘이 빠지고 미래가 안 보이니 투자도 있을 리 없다. 악순환의 연속인 것이다.

남녀노소가 즐기는 대중적인 요리 돈가스. 조리가 별것 아닌 듯 보여도 기술이 필요한 분야다. 고기 자체의 품질은 물론 손질법, 밀가루와 빵가루의 배합, 튀기는 온도와 시간 그리고 소스까지…. 이곳의 오너는 창업 이전부터 주방 일을 하며 오래도록 돈가스를 만든 사람이라 해서 내심 기대를 가졌다.

그런데 한입 베어 무는 순간 느끼하다는 생각이 퍼뜩 스쳤다. 고기 질은 좋았지만 기름을 교체하지 않은 관계로 냄새가 났고, 돈가스 특유의 바삭함이 느껴지지 않았다. 소스를 찍어 먹어보니 이건 다행히 괜찮았다. 너무 과하지도 않은 온순한 맛, 밋밋하기는 하지만 건강한 맛. 크기는 요즘 유행하는 왕돈가스의 절반 정도? 그런데 9천원이었다. 당연히 가게가 잘 될 리 없었다.

5년 전 처음 가게를 시작할 때는 질 좋은 재료와 인테리어에 대한 투자로 가격대를 비교적 높게 잡았다고 한다. 그리고 1만원까지 올렸다가 불경기로 인해 다시 내린 게 이 가격. 사람들이 안 오니 장사가 안 되고, 장사가 안 되니 식당의 핵심인 요리에까지 원가 절감이 들어간 상태였다. 이런 곳은 원점부터 다시 시작해야 한다.

우선 어떻게 할 것인가를 주인에게 물었다. 그는 이미 여기는 틀렸고 다른 곳에서 좀 더 작게 장사를 하고 싶지만 그것도 용기가 나지 않는다고 하였다. 그렇다면 결론은 두 가지다. 장사를 접든가 아니면 여기서 좀 더 고쳐가며 새롭게 시작하든가.

가게를 완전 새롭게 만드는 것보다는 리모델링 비용이 훨씬 싸게 들므로 다시 마음을 잡고 여기서 고쳐나갈 수 있는 부분부터 시작하기로 했다. 우선 돈가스의 양과 질을 함께 높이면서 가격을 절충하는 방향으로 가닥을 잡았다.

왕돈가스를 내놓는 식당이 주변에도 있었는데, 그 집을 따라 한다기보다는 손님을 불러들이려면 크기도 어느 정도 키우는 것이 필요했다. 맛에 대해 나름대로 자부심을 가진 의뢰인이었지만 그럼에도 불구하고, 유명한 돈가스 식당을 두루 돌면서 맛을 보도록 권유했다. 개인 식당은 물론, 프랜차이즈 돈가스집도 다시 한 번 찾아가 맛을 보면서 분석에 들어갔는데 요리를 하는 오너라 이해가 빨랐다.

그 다음 메뉴를 다듬기 시작했다. 고기의 질은 그대로 유지하되 크기는 늘렸다. 그렇지만 왕돈가스의 싸고 배부른 개념과는 거리를 두면서 적절한 가격에 퀄리티 있는 메뉴로 차별화시키기로 했다.

여기에 다소 밋밋하던 소스도 조금 더 고소하게 만들기로 했다. 물론 건강한 맛을 내는 것은 잃지 않으면서 말이다. 돈가스가 튀김 요리이기는 하지만, 전체적으로 건강식의 개념을 불어넣어 안심하고 먹을 수 있는 콘셉트로 밀고 나가기로 한 것이다.

질 좋은 고기와 신선한 채소. 되도록 기름을 자주 교체하여 깔끔하게 떨어지는 식감을 유지하게 했다. 또한 간판을 새로 달고 먹음직스러운 돈가스 사진을 실내외에 부착시켜 주위를 환기시켰다. 인테리어를 바꾸는 것보다 어느 정도 세월이 느껴지는 분위기도 나쁘지 않겠다는 생각이 들어 시선이 머무는 공간에는 페인팅 정도로 작업을 마무리했다.

또한 패밀리 세트를 고안해 주말 외식이라는 테마로 좀 더 저렴하게 메뉴 가격을 정하는 것도 잊지 않았다. 특히 가족들이 오면 단품보다는 세트를 시키도록 유도하며 가능한 한 여러 메뉴가 노출되도록 하였다. 또한 샐러드 같은 것을 메뉴판 바로 아래에 잘 보이게 배치해 부가 매출로 객단가를 올리는 방법도 구사했다.

이후 블로거들을 초청하여 시식을 하게 했다. 아무래도 이 집처럼 오래되거나 정체된 상권은 전단지나 현수막보다는 온라인으로 홍보하며 손님을 불러들이는 게 낫다고 판단했기 때문이다.

한 달여에 걸쳐 진행된 마케팅은 무리 없이 끝났으며 매출은 다시 반등을 시작했다. 왕돈가스와 비슷한 가격이지만 사람들은 더 정성스럽고 수준 있는 요리로 인식하게 되었다. 그런데 중간 중간 기존 손님들에게서 깔끔했던 과거 요리가 더 나은데 왜 이렇게 아이들 입맛으로 바뀌었느냐는 불만 아닌 불만도 터져 나왔다. 다소 강하게 바뀐 소스 맛에 대한 성토인 셈이었다.

리뉴얼을 하면 이런 불만 아닌 불만들을 겪을 수 있다. 그렇다고 해서 괜한 걱정을 할 필요는 없다. 만일 그것이 지속적인 불만이라면 받아들여 수정하면 될 것이고, 그렇지 않은 경우라면 조금만 기다리면 될 일이다. 기다리면 결국 사람들의 입맛이 맞춰질 것이라고 의뢰인을 이해시켰다. 역시 얼마 지나지 않아 바뀐 소스가 훨씬 맛있다는 소리가 들리기 시작했다. 사람의 입맛이란 때로는 단순한지라 이게 맛있는 거라 주입시키면 어느새 그렇게 인식하게 된다.

어쨌든 큰 투자를 하지 않으면서 리뉴얼에 성공한 케이스였다. 그런데 몇 해가 지난 후, 안타까운 소식을 접하게 되었다. 어떤 일이 있어도 돈가스 전문점이라는 가치를 버리지 않기를 바랐는데…. 매상이 오르고, 가게가 성공 궤도에 안착하자 오너는 돈가스 외에 다른 메뉴들을 추가하기 시작했던 것이다. 심지어 스파게티도 종류별로 나열할 정도였다.

아니나 다를까. 돈가스 가게인지 스파게티 가게인지 정체성 없이 흔들리더니 애써 잡았던 고객들마저 다시 잃게 된 모양이었다. 이후 위기의 순간이 찾아왔고 또 시간은 흘렀다.

하지만 이미 리뉴얼을 경험해 본 의뢰인인지라 다시 심기일전! 상황이 더 나빠지기 전에 불필요한 메뉴들을 정리하고 오로지 돈가스와 관련된 요리들로 재정비했다.

하지만 이미 실망하고 떠나간 고객들을 다시 오게 하는 것은 어려운 일. 어렵게 가게를 살려놓고 한숨을 돌릴 만하니 또다시 이런 잘못된 선택과 행동을 하는 모습을 보면 답답함이 밀려온다(그런데 실제로 이런 오너들이 꽤 많다. 늘 초심으로 돌아가고 스스로를 경계해야 한다). 다행히 오너는 과거의 실수에 연연하지 않고, 포기할 건 포기하고 새로운 마음으로 세팅을 실시, 가게는 다시 반등을 시작했다. 그 후 오너는 식당 운영의 개념을 다잡고 더 이상 부질없는 욕심으로 어리석은 선택을 하지 않았다.

전문 식당은 오로지 메뉴 위주로 승부하는 곳이다. 만일 이 식당이 잘못된 판단으로 메뉴 늘리기를 거듭했다면 애써 다시 이룬 모든 것이 물거품처럼 사라져버렸을 것이다.

드디어 이루셨군요!

[대박 식당]으로 거듭난 것을 축하합니다!

이 작은 땅덩어리 안에서 외식업을 한다는 것. 참 녹록지가 않습니다. 그렇다면 외식업을 안 하고 다른 일을 찾아보시겠다고요? 천만의 말씀! 다른 일이라고 안전할까요? 오히려 외식을 하는 비중은 점점 더 늘어날 것이고, 외식업은 날이 갈수록 더욱 커질 수밖에 없는 게 현실입니다. 장사가 안 되면 고민이 많겠지만 그렇다고 막상 접으면 너무 억울해질 것이 분명하지요.

떨어지는 매출. 이제 다시 올리면 됩니다. 식당이란 요리가 핵심 가치이니 요리를 재정비하고 문제가 있으면 고치면 그만입니다. 후미진 곳이라 손님이 없다고요? 그렇다면 찾아 나서야죠. 세상에 안 되는 게 어디 있겠습니까? 안 된다는 생각만 버리면, 못 한다는 마음만 고쳐먹으면 안 될 이유가 없습니다.

특히 개인이 하는 독립 식당의 경우 운영의 모든 것을 오너가 풀어야 하는 숙제가 있지만 그 반면 펼치고 뻗어나가게 할 장점 역시 무궁무진합니다. 따라서 열악한 상권이나 경쟁에도 불구하고 반전과 차별화시킬 수 있는 방법과 운영의 묘를 찾는다면 얼마든지 부흥시킬 수 있는 가능성이 열려 있습니다.

당신의 식당.

크든, 작든, 메뉴가 무엇이든. 이 세상에 오직 하나뿐인 식당입니다. 그러니 두말할 것도 없이 최고입니다. 잠시 고전을 하고 있을 뿐 진심과 노력이 보태진다면 곧 진가를 발휘하게 될 것입니다. 기본을 지키면서 내일을 꿈꾼다면 곧 성공의 날을 맞이하게 될 거라고 확신합니다.

어떻게 보면 기본에 충실하자는 것이 이 책의 주제인지도 모르겠습니다. 기본을 지키면서 나만의 스토리가 있는 식당으로 한 걸음, 한 걸음씩! 그러다 결국은 드라마 같은 반전을 이뤄내는 식당이 될 테니까요.

생계와 직결된 외식업인데, 제가 '이렇게 하면 어떨까? 저렇게 하면 어떨까?' 또는 부족한 경험으로 얻은 방법만을 제시한다면 저마다 다르게 직면한 현실을 헤쳐나가는 데 적절한 대안을 주는 건 어려울 것입니다. 그래서 저는 이런 괴리가 있는 안내보다는 현장에서 발로 뛰며 얻은 현실적인 내용을 담고 싶었습니다.

마케팅은 기술적인 면도 중요하지만 이보다 먼저 외식업의 본질과 가게 내부 및 시장 상황, 고객들의 성향과 변화를 꿰뚫어야만 제대로 된 방법론을 펼칠 수 있습니다. 이런 측면에서 여러분에게 다음의 두 가지를 말씀드리고 싶습니다.

우선 이 책을 가까이 두고 틈날 때마다 펼쳐 보시기 바랍니다. 만약 무릎을 치게 만드는 한 가지 힌트를 얻었다면 반드시 한 번 더 읽어보십시오. 분명 더 새로운 아이디어를 찾을 수 있을 것입니다. 그렇게 찾은 아이디어는 확실히 당신만의 것입니다. 그러니 실행하십시오. 중요한 것은 실천입니다.

이 책은 감상하는 책이 아닙니다. 고객들을 가게로 끌어들이려면 필사적으로 움직이면서 하루하루 매출이 올라가는 것을 온몸으로 확인하셔야만 합니다.

어느 누구도 거들떠보지 않던 가게들이 우뚝 서는 걸 많이 보았습니다. 그들과 함께 울고 웃기도 많이 했습니다. 열악하고 힘든 상황에서도 사업이 일어나고 썰렁하던 매장에 손님들이 물밀듯이 차오르는 걸 보며 남모를 뿌듯함도 가졌습니다.

실행하십시오. 진심으로 놀라운 일들이 생겨나게 될 것입니다. 아무쪼록 지금은 멈춰 서 있는, 못 다 이룬 꿈을 반드시 이루길 바랍니다.

"축하드립니다! 드디어 대박 식당의 꿈을 이루셨군요!"

언젠가 당신의 식당으로 찾아가 꼭 이 말을 전할 수 있는 날이 왔으면 좋겠습니다. 그때까지 모두들 힘내어 가십시다.

채상욱 쓰

다시 첫 마음으로!

지금이 바로 다시 시작할 때입니다.

대박 식당의 기술

초판 1쇄 발행 2016년 2월 15일

지은이 | 채상욱
펴낸이 | 김우연, 계명훈
기획 · 진행 | fbook
　　　　　 김수경, 김연, 박혜숙, 김진경, 최윤정
마케팅 | 함송이
경영지원 | 이보혜
디자인 | design group ALL(02-776-9862)
교정 | 김혜정
펴낸 곳 | for book 서울시 마포구 공덕동 105-219 정화빌딩 3층
　　　　　 02-753-2700(판매) 02-335-3012(편집)
출판 등록 | 2005년 8월 5일 제 2-4209호

값 13,000원
ISBN 979-11-5900-011-9　　03320